등단 60주년 기념 테마 에세이選

내가 찾은 幸福의 현주소

− 행복의 소박한 체험 白書

| 책을 내며 |

어느새 내 나이 84세에다 문단 등단도 60년이 되었다.
그냥 넘어갈 수 없다 싶어 이 생각 저 생각 끝에 이 책을 꾸며보기로 했다. 그러고 보면 등단 60주년 기념 에세이집도 된다. 제명을 '내가 찾은 행복의 현주소'라 해보았다. 그 동안 오랜 세월에 걸쳐 발표한 글 중에서 '행복'이란 것과 직접이나 간접으로 연관될 수 있는 글만을 추려보았다. 자투리 글에서 핵심적인 이야기가 포함되어 있다.
'행복'이란 무슨 거창한 신기루가 아니라 행복론자들이 늘 말해왔듯 바로 우리 마음 속이나 우리 생활 주변에 있다. 찾아서 만들면 된다. 일찍이 에브라함 링컨도 '자신이 행복해지고자 마음 먹는 만큼만 행복해질 수 있다'고 하지 않았던가. 이를 위한 가장 중요한 키워드가 바로 자기분수 알기와 자기만족에 있다. 결국은 당사자요 주인공인 본인 자신이 이에 맞는 시나리오를 쓰고 연출과 연기하는 도리 밖에 없다. 1인 3역이다. 행복은 남이 주는 게 아니지 않겠는가. 그러고 보면 이 책의 주된 내용은 바로 이런 류의 나의 체험적 행복론이라 할 수 있다.

첫째 마당 '행복의 순간들'은 내 인생살이에서 비록 순간적이나마 경험했던 즐겁고 기뻤던 일들을 모아 보았다.

둘째 마당 '일상 속에서 찾은 행복'은 말 그대로 생활에서 느껴본 자기만족류의 글들이다. 여기엔 약간 자기위안의 글도 표함되어 있다.

셋째 마당 '소소한 행복을 찾아'에는 소탈하게 살면서 체험한 자긍심 찾기나 자긍심 갖기의 전후 사정 이야기가 펼쳐진다.

넷째 마당 '내 행복의 온상'은 행복을 받아들일 수 있는 기본 요건이나 기본 마음 자세를 이야기 하고 있다. 어쩌면 내 행복론의 핵심 부분이라 할 수 있다.

다섯째 마당 '사회명사들이 본 이유식'은 2004년도에 나온 정년퇴임 기념문집 '반세기 한국문학의 도정' 중 '인간편'에서 뽑아 본 글이다. 각자 나름으로 '나'를 바라다 본 부록편이다.

이런 내용의 글 중에서 혹시 독자들에게 과연 내 행복은 어디에 있으며, 과연 내 행복은 무엇인가를 생각해 볼 수 있는 계기라도 되었으면 한다. 그게 바로 이 책 출간의 소득이 아닐까 한다.

우리 모두 행복하도록 노력하고 행복하게 살아갑시다.

2021년 3월 대치동 글방에서
어느 화창한 봄날 청다(靑多)

차 례

첫째마당_ 행복의 순간들

10年滿期 除隊의 榮光　_ 10
- 제16회 현대문학상 수상소감

갑년의 더없는 선물이다 싶으니　_ 12
- 남명문학상 본상 수상소감

비평가로 중도하차 않은 조그마한 보람　_ 14
- 한국문학상 수상소감

정년퇴임 축하 같은 상을 받고 보니　_ 17
- 한민족문학상 대상 수상소감

기쁘고 감회롭기 한량없어　_ 19
- 정년퇴임 기념문집 봉정식 답사

'문필권력'이란 말에 위안을 삼으며　_ 22
- 펜문학상 공로상 수상소감

고향에 면가(面歌)를 선물하고　_ 24

난생 처음 문학비를 세워 보고　_ 30
- 보령 '시와 숲길공원'을 다녀와서

씨름판의 총아　_ 36

'다관왕'이란 칭찬을 듣고 보니　_ 40

문학 세미나 풍속과 나의 몇 가지 체험담　_ 45

둘째마당_ 일상 속에서 찾은 행복

'다리굽타' 만세!　_ 56

나의 한 평 농장　_ 61

양재천변을 산책하며　_ 66

석양의 테헤란로를 걸으며　_ 71
- 강남 이야기 작품집 20주년 기념사업

잊지 못할 인연의 강화　_ 77

빚은 싫어　_ 84

어느 최저 알뜰 남편의 辯　_ 89

가족의 소중함을 생각해 보며　_ 95

'망구순'의 감회 그리고 내년의 일　_ 101

문학인들이여, 자긍심을 찾아보자　_ 104

차례

셋째마당_ 소소한 행복을 찾아

200홀의 나의 골프장 _ 112

시장 골목길의 교수 _ 117

음치의 고백 _ 122

숫자 기억의 낙제생 _ 128

기를 못 편 학교성적 _ 131

젊은 시절 '제비족'이 될 뻔했던 사연 _ 137

청부(淸富)의 정신 _ 142

아호의 사연 _ 145

'출세'의 참 의미 _ 152

나이와 세월 감각 _ 158

나의 인생 나의 문학 _ 163
- 60년의 길다면 긴 문학 여정

넷째마당_ 내 행복의 온상

절망을 극복하는 삶의 지혜 _ 172

작은 꿈, 큰 꿈의 설계 _ 176

내가 만드는 행복 _ 180

작은 행복을 얻는 비결 _ 187

나의 행복보감, 러셀의 '행복의 정복' _ 193

기다림의 인생론 _ 199

쿠투조프 장군의 교훈 _ 204

내 속에 살아 있는 남명(南冥) _ 208

내가 생각하는 나의 행복 _ 213

대(大)자 병(病)의 반성 _ 217

차례

다섯째 마당_ 사회 명사들이 본 이유식

문학인으로서 하동의 큰 자랑 _ 222
- 정호권(전 건국대 총장 · 현 참존 생물소재 연구소장)

반세기의 변함없는 우정 _ 227
- 최우석(진고 동기동창 · 삼성경제연구소장 역임 · 현 부회장)

산이 있고, 강이 있는 이유식 선생 _ 233
- 박희태(국회의원 · 한나라당 전 대표최고위원)

소탈한 성격이 큰 미덕 _ 238
- 김중위(수필가 · 4선 국회의원 역임 · 환경부장관 역임)

열성적인 문단의 신사 _ 243
- 홍문표(문학평론가 · 명지대 교수 · 한국문협 부이사장)

진고가 낳은 문학평론가 1호 _ 247
- 조기일(재경 진고 27회 동기회장 · 전 외무부 대사)

효제동 시절, 꿈의 만남들 _ 251
- 이 중(시인 · 숭실대 총장)

■ 연 보 _ 257

첫째마당

행복의 순간들

제16회 현대문학상 수상(시상식 : 서울대 교수회관 1971년 3월)
좌 : 이유식 (평론), 유경환(시인), 박순여(소설)

10年滿期 除隊의 첫 榮光
- 제16회 현대문학상 수상소감 -

어쩌다 보니 요즘 나는 지식의 행상꾼이 되어버렸다.

직장생활이 신물이 나 죽을 쑤건 밥을 끓이건 남에게 간섭받지 않는 내 독자의 생활공간을 가질 욕심으로 지난해 부터 조그마한 사업을 벌여 보았다. 내 스스로가 짊어진 십자가(?)라 모든 애로를 자위하면서 행여 경쟁의 틈바구니에서 뒤지지나 않을까, 마치 굴레벗은 말처럼 이곳 저곳 뛰어다니는 것이 나의 생활이다.

致富의 目的이라기보다 적어도 남에게 꿀리지 않을 정도 내 생활이나 해결해 놓은 다음 여유있게 집필생활에 들어가 보겠다는 것이 나의 생각이다. 그런데 느닷없이 受賞通知가 날아 들었다. 반가우면서도 얼떨떨 하였다.

전화통을 놓고 나는 잠시 自省의 기회를 가져보았다. 十년이면 강산이 변한다는데 어언 평단에 몸을 담은 지가 十년이 되었다는 사실을 다시한번 인식해 보았다.

게으름을 피우지 않고 또 현실의 잡다한 유혹에 신경을 쓰지 않았더라면 더욱 좋은 글을 쓰지 않았겠나 하고 반성도 해본다.
　아무튼 十년 滿期除隊(?)의 순간, 이 상을 받고 보니 이제부터라도 기회있는대로 내 생활을 정리해 가면서 글 쓰는 데 치중하고 나의 情熱의 半쪽이라도 文學쪽에 기울여야 되겠다는 각성을 했다. 不名譽除隊의 대열에 끼일 뻔했던 나의 평단 근무성적에서 이 受賞은 나의 개인적 역사에 있어 활력소와 활화산의 噴火口가 될 것을 다짐해본다.
　앞으로 계속 좋은 글을 쓰는 것이 受賞의 기회를 준 데 대한 보답이라 생각하며 펜을 놓는다.

1971년 3월 2일
동숭동 서울대 교수회관에서

갑년의 더없는 선물이다 싶으니
- 남명문학상 본상 수상소감 -

　토요일 오후 바쁘실텐데도 불구하고 이렇게 이 자리를 빛내 주시기 위해 참석해 주신 모든 분들께 먼저 인사를 드림과 동시에 그 고마움을 표합니다. 특히 축사를 해주신 남명학연구원 김충렬 원장님 고맙습니다.
　오늘 이 자리에 서고 보니 그 어느 수상 때보다도 감회가 깊습니다. 그것은 두 가지 이유에서 입니다. 집안 사정으로 보아서도 그렇고 또 개인적으로 보아서도 그렇습니다.
　먼저 집안 사정을 말씀드려 보면 저의 13대조 일신당 이천경 할아버지가 바로 남명선생의 직계 문도였다는 사실입니다. 저의 집안은 세칭 '지리산 48가' 중의 하나에 속합니다. 할아버지께서는 남명선생의 문도였던 당시 영남의 제현들, 덕계 오건, 수우당 최영경, 동강 김우옹, 한강 정구와 같은 제현들과 교유하며 남명

선생의 사상과 문학정신 이른바 남명학을 이어받고 있었습니다.

이런 집안의 뿌리를 가진 제가 이 상을 받게 되었으니 어찌 감회가 깊지 않을 수 있겠습니까?

뿐만 아니라 개인적으로 보아서는 공교롭게도 금년이 저의 회갑년입니다. 갑년에 이런 상을 받게 되었으니 그것도 갑년의 더 없는 축하 선물이다 싶으니 감회가 남다르다 하겠습니다.

끝으로 남명문학상 운영위원회 신일수 위원장님을 비롯한 운영위원 여러분들 그리고 뽑아주신 선정위원 여러분들 또 같은 고장 출신이라고 평소에 저에게 남다른 관심을 가져 주시는 진주문협 임원 여러분들과 회원님들 정말 고맙습니다.

이 상을 계기로 더욱 좋은 글을 쓰도록 노력하겠습니다. 남명선생의 얼과 문학정신을 이어받아 서부경남의 문풍을 더욱 진작시키는데에도 노력하겠습니다.

감사합니다.

1998년 12월 12일
제10회 남명(조식)문학상 시상식(진주금고 문화관)에서

비평가로 중도하차 않은
조그마한 보람
- 한국문학상 수상소감 -

　연말을 맞이하여 각자 바쁘신 일들이 많으실 텐데도 불구하고 오늘 이 수상을 축하하기 위해 이렇게 많이 참석해 주신 문단의 선후배 여러분들, 정말 고맙습니다. 그리고 저에게 이렇게 수상의 기회를 안겨주신 문협 임원님들과 이사회의 여러분들, 정말 고맙습니다.

　이 상이 문협에서 시상하는 상 중에서 제일 큰 상이고 보니 더욱 감개가 무량합니다. 수상요건중의 하나가 문단 경력 30년 이상인 점을 생각해 보면 문단 경력 40여 년 만에 이 상을 받게 되니 한편으로는 매우 기쁘면서도 또 다른 한편으로는 좀 지각을 했구나 하는 생각도 들지 않는 바는 아닙니다.

　솔직히 말씀드리자면 그간 저는 이 상을 한 번 탔으면 하는 생각도 해 왔습니다마는, 문협의 주요 임원, 가령 분과회장이나 이사장단에서는 가능하면 양보해야 한다는 원칙을 지키다 보니 수상의 기회가 자연 늦게 온 것 같습니다. 그동안 두 차례에 걸쳐 평론 분과회장직을 맡아왔고, 그다음 부이사장직을 맡아 오다 보니 기회가 없다가 임원직을 물러나고 나니 비로소 기회가 왔구나 싶습니다. 하나를 잃으면 대신 또 다른 것을 얻는 경우도 있다는 세상살이의 이치를 새삼 느껴보고 있습니다.

그리고 지금 저는 그동안 제가 펴낸 평론집 출간 문제를 한번 생각해 보고 있습니다. 40여 년간의 평단 생활에서 금년에 나온 이 수상 평론집이 6번째에 해당되니 양적으로는 만족할 정도가 아니지만, 그나마 이 6권이 모두 문학지도서나 교재용, 또는 연구서나 문학 해설서가 아닌 순수 평론집이란 점을 생각해 볼 때 다소나마 자위는 되고 있습니다. 또 한편 궁색스런 변명으로 들릴지는 모르겠습니다만, 어렵고 외롭다는 비평가의 길에서 그나마 중도하차하지 않고 지금껏 동참할 수 있었다는 것도 큰 자위가 되고 있습니다.

이 상을 계기로 힘닿는데 까지 더욱 열심히 그리고 좋은 글을 쓰도록 노력하겠습니다.

끝으로 사족 같은 말씀을 한마디 드린다면, 오늘 수상자 중의 한분인 유경환님과는 우연의 일치이긴 합니다만, 같은 상을 같은 해에 두 번이나 함께 받게 되는 인연이 있기에 참 묘하다는 생각도 해보고 있습니다. 근 30년 전에 현대문학상을 같이 탄 적이 있었는데, 오늘 또 이 수상의 자리에 같이 서게 되었으니 우리는 앞으로 서로 격려하며 좋은 글을 쓰도록 노력하겠습니다.

2002년 12월 30일
제39회 한국문학상 시상식(흥사단 강당)에서

정년퇴임 축하 같은 상을 받고 보니
― 한민족문학상 대상 수상소감 ―

　어제는 지구문학상 심사위원 그리고 바로 오늘은 수상자로 공교롭게 이 자리에 서 있습니다.
　연말 바쁘실 텐데 오늘 이 수상을 축하해 주기 위해 오신 문단 선배, 동료, 후배 여러분들 고맙습니다.
　그동안 40여 년간의 문단 생활 중 크고 작은 여러 상을 받아 보았습니다만 오늘 이 상을 받고 보니 또 다른 감회가 듭니다.
　저는 내년 2월이면 정년퇴임을 맞습니다. 제 평생 월급봉투 받는 것도 이젠 꼭 3번밖에 남아 있지 않은 이 시점에서 이 상을 받고 보니 얼핏 '정년퇴임 기념문학상'이란 생각도 듭니다. 정년 이후에 제가 할 수 있는 일이라면 문필활동과 문단활동이 아니겠습니까. 이 상을 계기로 자칫 나태해지기 쉬운 '제2의 인생'을 열심히 살아보고 또 개척도 해 보겠습니다.

김남웅 회장을 비롯한 한국민족문학회 가족 여러분들 그리고 심사위원 여러분들께 감사를 드립니다.

사실 이 상도 저와 한국민족문학회와의 인연에서 고려되었지 않았나 싶습니다.

- 이 단체의 고문으로 참여하였고
- 세미나 주제 발표자로도 두어 번 참여해 보았으며, 이 문학상 심사도 두어 번 해 보았고
- 또 문학특강도 맡아 주었기에 그런 인연이 이 상과 인연이 닿았지 않나 싶습니다.

끝으로 한국민족문학회가 앞으로 더욱 발전 있기를 빌며 또 오늘 참석한 모든 분들도 즐거운 연말을 맞기를 빕니다.

참고로 저는 내년 3월 11일 세종문화회관 세종홀 대연회실에서 부끄럽습니다만 황공스럽게도 700여 페이지가 넘는 「반세기 한국문학의 道程」(이유식의 문학과 인간)이란 정년퇴임 기념문집을 봉정받을 예정입니다. 많이 참석하여 축하해 주시면 더욱 고맙겠습니다.

감사합니다.

2003년 12월 11일
제7회 한민족문학상 시상식(대우주택문화관)에서

기쁘고 감회롭기 한량없어
- 정년퇴임 기념문집 봉정식 답사 -

반갑습니다. 고맙습니다. 매우 기쁩니다. 그리고 꼭 한 가지만 더 말해본다면 참으로 감회롭습니다.

사실 처음에는 지금 말한 이 네 마디 말로만 아주 짧고 짧게 답사를 대신할까 했습니다. 그러다 보니 '다정도 병인양 하여'란 시조의 글귀가 생각나 '짧아도 병인 양' 싶어 결국 몇 마디 더해보기로 했습니다.

먼저 이 문집에 귀한 글과 그림과 글씨를 주신 모든 분들, 또 이 자리를 빛내주시기 위해 오신 축하객 여러분들 그리고 이 문집이 나오도록 힘써주신 간행위원 여러분들 또 이 행사를 위해 물심양면으로 협조를 아끼지 않았던 많은 분들 그리고 또 잊지 않고 화환과 축전을 보내주신 모든 분들- 이런 모든 분들에게 진심으로 진심으로 그 고마움을 표합니다.

지금 막상 이 자리에 제가 서고 보니 참 감회롭기 한량없습니다. 한 직장에서 아무 탈 없이 정년을 맞았구나 싶으니 여간 축복스런 일이 아니구나 싶으며 또 그동안 비록 변변찮은 글이긴 하지만 그래도 43년간이란 길다면 긴 세월동안 그나마 펜대를 놓치지 않았던 일도 큰 위안이 되고 있습니다.

특히 여러분들께서 받으신 「반세기 한국문학의 도정」에서 비록 이렇다 하게 내세울 것은 없지만 저의 문학활동과 인간적 면모들이 웬만큼 정리되고 밝혀져 있다 싶으니 실로 기쁜 마음 감출수가 없습니다. 저의 삶의 훈장이다 싶으니 이보다 더 기쁜 일이 또 어디 있겠습니까? 뿐만 아니라 이 책의 문학편과 인간편이 두권으로 나뉘어져 「반세기 한국문학의 전개」와 「꿈을 좇는 로맨티시스트」란 제목으로 시중 서점에도 또다른 새로운 독자들을 만날 것이라 생각하니 정말 기쁘고 기쁩니다.

저는 앞으로 남은 날 조심스럽게 살아가면서 오늘 이렇게 베풀어주신 모든 분들의 관심과 그 고마움을 하나하나 갚아 나아가겠습니다. 또 가끔 게으름도 피우고 싶을 때가 있을지라도 좋은 글을 쓰도록 노력해 보겠습니다.

끝으로 교수의 길, 문학의 길을 마치 한꺼번에 두 마리 토끼 잡듯 동행시키려다 보니 때론 힘들고 또 때론 쓸쓸하기도 했고 또 때론 좌절감을 느껴 보기도 했습니다만 그래도 아무런 불평없이 뒤에서 묵묵히 힘을 실어준 저의 아내와 가족들에게도 특별히 오늘 이 자리를 빌려 그 고마움을 표해 봅니다.

  내내 즐거운 시간이 되시길 빕니다. 고맙습니다. 감사합니다.

2004년 3월 11일
세종문화회관 세종홀 대연회실에서

'문필권력'이란 말에 위안을 삼으며
– 펜문학상 공로상 수상소감 –

안녕하세요, 펜회원님들 그리고 임원님들. 반갑습니다. 오늘 이 상을 받도록 배려해주신 심사위원님들 매우 고맙습니다.

그동안 저는 56년간의 문단생활에서 그때그때 크고 작은 여러 상을 받아보긴 했습니다만, 이렇게 공로상을 받게 되고 보니 공교롭게도 본인의 팔순 기념도 된다 싶어 더욱 기쁩니다.

여기서 순간, 잠시 지난날을 떠올려봅니다. 때때론 왜 구태어 끙끙대며 평론 같은 힘든 글을 쓰고 있는가 싶었고 동시에 편히 살려면 글쓰기를 접어야겠다는 유혹도 여러 번 있었습니다. 요는 이 물신 시대에 걸맞는 다른 이렇다 할 보상이 없구나 싶은 데서 나온 일종의 황폐감의 유혹이었습니다.

그럴 때면 다시 한번 나를 추스르며 용기를 재충전해 보기도 했습니다. '문필 권력'이란 내 나름의 신조어에 위안과 자위를 삼으며 버티어 보았습니다. 비록 문학이 다른 권력에 비해 힘은 없지만 그 나름의 지속성과 영구성은 있겠구나 싶은 생각도 해보았습니다. 좁게는 남겨놓은 나의 글이 다음엔 나의 정신적 유산도 되고, 더 나아가서는 우리 문단의 유산도 되리란 실없는 상상도 해보며 끝까지 매달려 보았습니다.

펜가족 여러분, 우리 모두 용기를 가집시다. 문학이 점점 힘을 잃어가고 있는 이 시대일수록 더욱 자중자애 정신을 가다듬어야 하리라 봅니다. 생각컨데 다른 사회적 직함이나 직위는 물러나면 '전'이지만, 문학가에겐 '전'이 없으니 용기를 가져볼만합니다.

끝으로 펜본부의 무궁한 발전을 빌어보며, 회원 여러분들의 문운도 깃들기를 빌어봅니다..

고맙습니다. (2017. 12)

참고자료 공로상 상패 문안
펜문학상 공로상 펜클럽고문 이유식

위의 사람은 1961년도에 문단에 나와 일찍부터 펜 회원 그리고 임원으로서 펜의 위상 제고와 발전에 크게 기여했을 뿐만 아니라 지금껏 평론과 수필 부문에서 괄목할만한 업적을 쌓아 문단의 원로로서 후배들에게 큰 귀감이 되었기에 이를 기리어 전 회원의 뜻을 담아 이 패를 드리는 바입니다.

고향에 면가(面歌)를
선물하고

　1994년도 1월호 『수필문학』지에서 고향 소개 특집을 꾸민 바 있는데 거기에 「내 고향 하동 옥종」을 발표한 바 있다. 그 당시는 이른바 우루과이라운드로 농촌이 홍역을 앓고 있는 때라 일부러 그 글의 끝에다 내가 직접 작사해 본 가칭 '옥종면가'를 넣어 마음만이라도 힘과 용기를 북돋아 주려 해 보았다. 그리고 기회가 온다면 곡을 붙여 선물해 볼 생각이라는 것도 덧붙였다.
　사실 출향인으로서 고향을 위하는 일이라면 여러 가지 일이 있을 수 있다. 번듯한 회관이나 도서관을 지어주는 일 아니면 학교 도서관에 좋은 책을 다량 기증해 주는 일도 있을 것이다.
　그러나 나 같은 글쟁이 교수로서는 회관은 언감생심이지만 책 기증도 좀 벅찬 일이다. 가능한 일이라면 고향을 소재로서 좋은 글을 많이 써 고향을 빛나게 해 주는 일이거나 아니면 면가라도 지어 선물하는 일 정도다. 그래서 쉽게 지면 약속을 했던 자초지종이 있다.

그러나 마땅한 작곡가를 찾기가 쉽지 않아 차일피일하다 그만 너무나 많은 세월이 흘러 자칫하면 공수표가 될 뻔했다.

작년 2007년에 우연히 좋은 작곡가 겸 가수를 만날 기회가 있었다. 70년대에 잠시 가수로 활동하다가 근년에 작곡가 겸 가수로 다시 활동하고 있는 김성봉이란 분이다. 케이블 TV '스카이라이프'의 '시와 음악세상'에 고정 멤버로 출연하던 분인데 마침 내가 그 방송의 '시인의 뜨락' 프로에 초대손님으로 출연할 기회가 있어 녹화에 참여했다가 알게 되었다. 잠깐 이야기를 나눌 수 있는 시간이 있어 평소에 나도 노래에 많은 관심을 가진 사람임을 일부러 강조해 봤다. 환심을 사보자는 숨은 뜻도 없지는 않았다. 89년도에 일간「스포츠 서울」에 8개월간 '유행가에 나타난 세태'란 테마에세이를 연재한 바도 있다고 소개하면서 기회가 오면 선물해 볼 생각으로 마침 고향면가를 작사도 해 두긴 했지만 마땅한 작곡가를 아직 찾지 못하고 있다고 했다. 그러자 즉석에서 관심을 보이는 것이다. 나의 주어진 이런저런 사정을 듣더니 그러면 작사한 것이라도 일단 보내달라는 것이다. 나의 꿍심이 성공이다 싶어 속으로 기분이 좋았다. 그러나 순간 앞으로 사례는 어떻게 해야 할지 약간 걱정도 되었다.

집에 돌아와 다시 고맙다는 인사말과 함께 즉시 e-메일로 보냈다. 한 달 후에 본인의 작곡에다 직접 노래까지 취입한 CD가 왔다. 들어보니 제법 그럴듯했다. 고마워서 전화로 사례문제를 비췄더니 좋은 일을 하시는데 자기도 도움을 드리고 싶어 한 일이니 신경 쓰지 마시라는 것이다. 대신 술이나 한잔 사시라고 했으니 참 고마운 분이다. 그다음 곧바로 면장 앞으로 악보와 면가를 선물하게 된 배경을 담은 편지와 함께 CD를 보냈다. 보내면서 일단 나의 호의는 받아들일 수 있기도 하고 그렇지 않을 수도 있다는 것을 우선 생각해 보았다. 아무리 선물이다 할지라도 면가는 개인 선물이 아닌 이상 많은 사람들의 의견을 수렴한 후 결정할 사항이니 채택이 안 될 수도 있는 일이 아닌가. 만약 채택이 안 될 경우라면 '이 아니면 잇몸'이라고 조용필이나 패티김이 서울노래를 불렀듯이 '옥종찬가'로 하면 되겠다 싶은 마음의 여유도 가져 보았다.

중간에 면장으로부터 연락이 왔다. 의견 수렴 중에 있으니 좀 기다려주면 좋겠다는 양해였다. 보낸 지 3개월 만인 금년 3월 1일부로 드디어 제정 확정이 되었다는 전갈이 왔다. 면내 기관, 각 마을과 학교, 사회단체, 전국 향우회, 각 동창회 등에 음반을 보냄과 동시에 의견수렴 과정을 거치다 보니 이렇게 늦었다는 것이다.

참고로 그런 과정을 거친 가사 내용이나마 여기 소개해 본다.

1절: 지리산 정기받아 옥산봉 솟고
　　　덕천강수 넘실대는 내 고향 옥종
　　　솔바람 댓닢 소리 풀피리 소리
　　　선인들 큰 뜻 서려 우리를 지키네
　　　마음 좋고 인심 좋은 이 터전에서
　　　우리는 힘차게 오늘을 산다

2절: 지리산 정기받아 사림봉 솟고
　　　월횡강수 노래하는 내 고향 옥종
　　　넓은 들 황금벌판 웃음꽃 피네
　　　백토가 지천인 유서 깊은 이 터전
　　　대문 열고 마음 열고 큰 뜻도 세워
　　　우리는 정답게 내일을 연다

나는 이 가사를 지을 때 여러 측면을 고려해 보았다. 먼저 내용은 면민들의 자긍심과 애향심을 두루 고취시키면서 화합과 단결을 도모시킬 수 있는 내용이어야 함을 염두에 두었다. 그리고 1절 2절의 글자 수 맞추기와 노래하기가 쉽도록 상충이나 충돌 없는 단어의 배열도 신경 써보았다. 내용은 면을 상징할 수 있는 대표적인 산과 강을 넣고 영속성을 지닌 인문환경이나 자연조건도 넣어 과거의 삶, 현재의 삶, 미래의 삶도 생각해 보았던 것이다. 후대에 가서 가변적일 수 있는 특산물 따위는 아예 배제했다.

아무튼 면가제정 확정결정이 났다니 이제는 작사가 입장에서 가능하면 고향 홍보도 해보아야겠다는 생각이 들었다. 내가 자문위원으로 있는 인터넷 방송인 '한국문학방송'(DBS)의 주간에게 이 소식을 알렸더니 좋은 일을 하셨으니 면의 전경사진을 비롯해 자료 일체를 보내주면 편집을 하여 내보내겠다는 것이다. 보내고 나서 얼마있지 않아 방송에 들어가 보니 옥종면 전경을 바탕으로 한 화면에 가사가 뜨면서 동시에 노래가 힘차게 흘러나왔다. 그 방송을 클릭하고 들어온 전국 회원에게 조그마한 일개 면이 널리 알려지겠구나 싶으니 정말 뿌듯했다.

또 이에 힘 얻어 고향 현지인이 운영하는 '옥종 사람들'이란 인터넷 카페에도 올렸더니 일정 홍보기간 동안은 밤낮으로 흘러나왔다. 그리고 면사무소 홈페이지 '옥종면 소식' 란에 올려져 있음은 물론이다.

뿐만 아니라 이 일이 널리 알려지자 '하동신문'에 제법 큰 박스 기사로도 나갔다. 전국에 89개 군이 있고 1211개 면이 있는데 물론 각 군마다 군가는 있겠지만 면가는 처음이 아닌가 하여 뜻도 있고 그것도 출향인의 애향심에서 이루어진 일이니 더더욱 뜻이 있다는 내용이었다. 개인적으로는 선물한 보람도 느꼈다. 뒤에 들은 이야기지만 이 보도로 타 면의 면장들이 우리도 면가가 있어야겠다고 우스개로 샘을 내더라는 말을 면장이 전해 주었다.

얼마 전에는 나의 모교 옥종초등학교 총동창회 및 기별 친선체육대회에서 이 노래가 흘러나왔고 면단위의 행사시는 물론 각 마을의 아침방송에도 흘러나오리라 싶으니 뿌듯도 하다.

나의 바람은 이 면가의 가사처럼 고향 사람들이 열심히 살고 또 화합과 단결도 하여 하루속히 전국 제 1등면이 되었으면 한다.

지금도 간혹 나는 면가가 소개되어 있는 사이트에 들어가 노래를 들어본다. 고향의 산하에 진 빚을 갚았구나 싶으면서 몸은 비록 멀리 떨어져 있어도 마음만은 벌써 고향땅에서 뛰논다.

끝으로 면가가 탄생되도록 도움을 준 김성봉님에게 다시 한번 고마움을 표한다. (2008)

난생 처음 문학비를 세워 보고
- 보령 '시와 숲길공원'을 다녀와서 -

　내 문학인생 어언 57년에 처음으로 이번에 문학비를 세워보았다. 충남 보령시 주산면 삼곡리에 있는 '시와 숲길 공원'의 둘레길 초입에 서 있다. 이 비를 세워본 데에는 그 나름의 사연이 있다. 내가 만약 시인이었다면 이미 2~3기 정도는 서 있을 것이다. 관행상 노상 시비, 시비라고만 하기에 자연 무관심했던 탓도 있다.

　금년 초에 아동문학가 이진호씨로부터 전화가 왔다. 자기가 '주간 한국문학신문'에 문학비 순례를 집필하고 있는데, 그 자료를 찾다 혹시나 하고 그 연조로 보아 나의 문학비가 그 어디엔가 서 있지 않겠나 싶어 전화를 했다는 것이다. 나의 답은 한마디로 '없다'였다. 이를 계기로 자연스럽게 문학비 이야기가 나왔다. 자기의 문학비가 '시와 숲길 공원' 둘레길 초입에 서 있는데 그 공원의 대표 이양우 시인을 잘 알지 않느냐며 '떡본 김에 제사'라고 이왕이면 이번에 그곳의 자기 비 가까운 곳에 세워두면 더욱 좋지 않겠느냐는 권유였다.

순간, 문학비가 한점도 없다 보니 마음이 동하였다. 그래, 내 나이가 이제 81살 망구순이니 비 하나쯤은 남겨야겠다는 생각이 들었다. 그리고 특히 전화를 준 이진호 씨로 보면 우린 같은 문인이긴 하지만 남이 아니다. 합천이씨 종친에다 파도 같으니 서로 보완적 기념도 되겠다 싶어 일을 곧 추진해 보기로 했다. 그리고 2~3일 후 문학 비용 시를 한편 지어 보냈다.

그 후 이양우 대표로부터 전갈이 왔다. 제작을 하여 3월 15일경에 세워둘 테니 적당한 날을 잡아 한번 구경도 할 겸 내려오라는 연락이었다. 조촐하게 가족들만 차 한 대로 가기로 결정해, 아내, 두 아들, 동생이 동승해 3월 23일 일요일을 기해 현장에 내려가 보았다. 인근의 개화예술공원은 일전에 지나는 길에 한번 둘러보았지만, 시비가 있는 이 숲길 공원은 말로만 들었을 뿐 초행이었다. 그곳에서 생활하고 있는 이양우 대표가 우리를 반갑게 맞이해 주었다. 약식 제막이라도 해야 한다고 미리 준비해 둔 현장으로 바로 안내했다.

사실 현장을 보기 전에는 궁금한 점이 많았다. 물론 메일로 미리 보내온 사진은 보았지만 뭐니 뭐니 해도 그 위치가 나에겐 제일 큰 관심사였다. 가서 보니 숲길 둘레길 초입이라 오르내리는 방문객이 많이 보겠구나 싶어 만족스러웠고 또 오석 중에서 상품을 골랐다고 하니 더 이상 바랄 것이 없다 싶어 이 대표에게 고맙다는 인사말도 잊지 않고 전했다. 사실 그는 크게 보면 종친과 다름없다. 그래서 평소 문단생활에서도 나이와 문단년조가 위인 것도 있고 해서 나를 각별히 대해 주었다. 그는 경주 이 씨이고 나는 거기서 분적된 합천 이씨이니 그야말로 핏줄로 보면 남이 아닌지라 이번 일에 각별히 신경을 쓴 듯도 싶었다.

우선 문학비 내용부터 소개해 본다. 제목은 '초가지붕 서정'이다.

빛바랜 사진에서
떠오려진 고향마을 정경

잿빛 지붕에서
누워있는 빨간 고추
가을볕 일광욕 즐긴다

해바라기 고개 숙이고
마당가 코스모스 위로
춤추는 고추잠자리 떼
박넝쿨이 어우러져 절묘한 조화

한 폭의 그림이고 한 편의 시다
이건 잊을 수 없는
가을의 운치요 정취며 서정이다

세월이 흘러간 오늘
낡은 사진 한 장에서
소년 시절을 못내 그리워한다

 나는 원래부터 평론가로 출발했다. 시평은 많이 해보았지만 직접 시를 쓰거나 발표한 적이 없다. 말하자면 얼떨결에 문학 비용 시를 써본 셈이다. 물론 그동안 무려 57년 간의 문학인생에서 남긴 총 900여 편의 평론과 수필에서 뽑아보면 이 보다 훨씬 질 높은 내용도 없진 않겠지만 아쉬운데로 임시변통으로 써본 것이라고 내 나름대로는 자위를 하고 있다.
 내용은 보다시피 고향 그리움, 더 구체적으론 천진난만했던 소년 시절에 대한 그리움이다. 나의 고향집은 초가가 아니라 양철집이었지만 고향에서 찍었던 낡은 사진을 보니 고향생각은 물론 고향마을의 초가집이 문득 떠올랐다. 한 폭의 그림을 그려보듯 그린 풍경과 풍정을 서정화 시켜보았다. 누구나 공해로 찌든 도시생활을 하거나 또는 고향을 떠나와 나이를 먹을 대로 먹다 보면 자연 시골 고향생각이 절로 나리라 본다. 나 역시 마찬가지로 그런 맥락에서 이 시를 써본 것이다.

큰아들이 비 앞에서 시를 낭독하듯 읽고 나서 우리는 기념사진 몇 컷을 찍고 곧바로 숲길 둘레길을 따라 다른 많은 시비를 둘러보았다. 전국 곳곳에 많은 문학비가 서 있지만 이곳처럼 문학비가 대단지를 이루고 있는 곳은 달리 없으리라 본다. 얼핏 듣기로 현재로 무려 7백여 기 라니 앞으로 더욱 잘만 가꾸면 언젠가는 전국 제1의 문학비 아니 세계 최다 문학비 기념동산 공원으로 명소가 되리라 본다.

시계를 보니 벌써 1시였다. 점심을 먹으려 중간쯤까지만 구경하고 서둘러 내려와 작별인사를 나누고 우리는 인근의 음식점으로 갔다. 그리고 돌아오는 차 안에서 나는 많은 생각을 해봤다.

내 나이 81살에 그동안 나름으로 많은 책이야 남겨두었지만 반대로 문학비는 한점도 없었으니 이번 일은 참 잘된 일이구나 싶었다. 이를 시작으로 앞으로 문학비에 대한 관심을 가져보기로 작심도 했다. 나와 깊은 연고가 있는 두세 곳을 일차로 생각도 해보기도 했다.

그리고 문학비라면 시비 일색에서 벗어날 필요도 있다 싶었다. 장르의 확대, 장르의 다변화도 있고 볼 일이 아닌가. 사실 이런 문제는 한국문단 풍속사를 써본 나의 저서 '문단 풍속, 문인 풍경'

에서 문학비를 다루면서 이미 언급한 바도 있다. 문학비라면 노상 시비만 생각할 것이 아니라 소설비, 수필비, 평론비도 가능하다 했다. 길이가 문제요 걸림돌이라면 가장 극적인 장면, 가장 감동적인 장면, 인생론적인 명구나 아포리즘을 적당할 정도로 따오면 만사형통이 아니겠는가.

또 이번 나들이에서 여러 정보도 얻었다. 보령은 전국에서 최고의 질 좋은 오석 생산지고 그래서 외지에서 돌이나 비석을 주문하려고 많은 사람들이 찾아온다 했다. 아닌게 아니라 한 곳을 지나다 보니 석재 가게가 입이 벌어질 정도로 줄줄이 서 있는 것도 보았다.

이 생각 저 생각을 하며 오다 보니 어느새 차가 휴게소에 다다르고 있었다 휴게소에 가서 커피나 한잔 마시며 나들이의 피곤이나 풀어야겠다고 생각하며 내릴 준비를 했다. 그리고 난 다음, 집에 도착해 보니 어느덧 7시가 되었다. 아침 9시경에 출발했으니 겸사겸사 제법 오랜만에 가져본 만 하루 낮의 단출한 가족 봄 나들이도 되었다 싶었다. (2018)

씨름판의 총아

내가 스무 살이었을 때로 기억된다. 추석절을 맞아 우리 면에서 마을 대항 씨름 대회가 있었다. 장터에다 임시 씨름판을 만들어 놓고 각 마을에서 다섯 명씩 선수가 출전하여 단판승으로 승부를 가려 이긴 마을이 본선에 올라가게 되어 있었다.

나도 선수로 뽑혔다. 던디기라는 마을이 우리 마을의 상대였다. 공교롭게도 나의 상대는 그 마을에서 최고로 씨름을 잘하는 사람이었다. 아니 그 마을이 아니라 우리 면에서도 알아주는 씨름꾼이었다. 양구대라는 사람이었는데 그는 군 단위급 씨름판이 아닌 면 단위급 씨름판 정도에서는 상으로 걸려 있는 송아지 정도는 이미 두서너 마리쯤 끌어다 먹었던 실력자였다. 키가 크고 신체 조건이 좋아 힘도 셌다. 6·25 이후 방위대 시절에 그는 공비들이 출몰하는 날이면 한 손으로 경기관총을 들고 쏘아댔다는 소문이 입에서 입으로 전해지고 있었다.

그와 내가 씨름을 할 차례가 되었다. 본부석으로 나가 나란히 서서 인사를 했다. 서 있는 두 사람의 체격을 비교하면 아예 상대가 되지 않을 정도였다. 과장해서 말한다면 황소 곁에 애송아지가 붙어선 격이었다. 붙자마자 단숨에 위에서 눌러 버리든지 아니면 달랑 들어서 내동댕이치리라 생각할 정도로 결과는 불문가지였다.

나는 상대가 상대니만큼 꾀로서라도 한번 붙어 보려고 작심했다. 팔재간이나 들재간은 어림없는 수작이라 다리재간이라도 부리기로 했다. 그는 나보다 10여 살 위였고 결혼도 했으니 하체 쪽이 둔하리라 생각하여 일단 찰거머리처럼 아래쪽으로 달라붙어 다리재간을 부려 보기로 했다.

나의 작전은 주효했다. 너무나 의외의 결과가 일어났다. 그가 나를 들어 올리려 할 때 나는 재빠르게 양다리 사이로 파고들어 젖 먹던 힘까지 다 내어 이 다리 저 다리를 감아 대다 보니 그가 쿵 하고 넘어지는게 아닌가! 그러자 구경꾼들의 함성과 박수가 우레처럼 터져 나왔다. 그 어떤 상대들의 판보다도 극적인 장면이 연출되었으니 졸지에 나는 '씨름판의 총아'가 되었다. 나중에 안 일이지만 그 순간의 함성과 박수소리가 얼마나 컸던지 인근 동리에서는 무슨 큰 변이 난 줄만 알았다는 것이다.

구장(이장)이 나와 덩실덩실 춤을 추었고 우리 마을의 선수로 같이 출전했던 큰삼촌은 감격하여 나를 목마까지 태워 씨름판을 한바퀴 돌기도 했다. 그리고 비록 우리 마을이 본선 진출은 못했지만 1,2등 한 것 못지않다고 구장은 그날 저녁 술과 밥을 한턱 내기도 했다. 이 일이 기회가 되어 '양철집 큰손자'인 나는 그만 면내에서 명성이 자자하게 되었다. 완력이나 덩치로 남을 제압하려던 청년들도 덩치가 작다고 감히 나를 얕잡아 보지 않게 되었다.

가만히 생각해 보면 이 일이 나에게는 전혀 뜻밖의 행운만은 아니었다. 어릴 때부터 나는 씨름에 약간의 소질이 있었다. 국민학교 시절만 해도 마을 씨름 대회의 애기씨름에서 여러 번이나 삶은 고구마를 상으로 타 먹은 적도 있었다.

그 당시 우리 면에서는 고구마가 귀물이었다. 들녘 지방에서는 고구마나 땅콩을 심었지만 논농사에만 의존하던 것이 고작이라 고구마를 심는 집은 아주 귀했다.

고구마는 영조 39년(1796)에 일본에 통신사로 갔던 조암이 대마도에서 몇 개를 가지고 와서 부산과 제주도에 보내어 재배에 성공을 했다. 대마도에서는 고구마를 '고우꼬우이모(孝行著)'라는데 결국 오늘날 우리가 말하는 고구마라는 말이 여기서 온 말임을 알 수 있다.

이 고구마가 우리 면에서는 6·25 이후에야 심는 집들이 많이 생겨 일반화되었으니 국민학교 시절만 해도 귀물 중 귀물이라 이를 따 먹을 욕심으로 애기씨름만 있으면 달려가 한 무더기씩 상으로 받아왔다.

그리고 진주에서 6년을 공부하는 동안에 여름이면 우리는 남강으로 멱을 감으러 나갔다. 해거름이 되면 그 당시 내로라하는 유명 씨름꾼들이 후배들을 데리고 나와 연습을 하는 것을 자주 보기도 했다. 씨름이라면 서부 경남이었고 그중에서도 진주의 씨름은 전국적으로 알아주던 실력파들이었다.

씨름의 기술이 40~50가지나 된다지만 나는 팔재간, 들재간, 다리재간 중에서 그 기본이 되는 몇 가지씩은 구경을 통해 익혀두었고 또 친구들과 어울려 곧잘 그런 기술들을 시험해 보기도 했다. 그러니 나에게 있었던 그날의 경사는 백 퍼센트 우연의 행운이라고만은 할 수 없었다.

이런 전력이 있는 나인지라 지금도 간혹 민속 씨름 대회가 텔레비전을 통해 방영되기만 하면 빼놓지 않고 시청한다. 그럴 때면 그날의 박수와 함성의 여운이 나의 귀에서 되살아나곤 한다.

(2008)

'다관왕'이란 칭찬을 듣고 보니

얼마 전에 평소 잘 알고 지내는 문단 후배 몇 사람과 제법 오랜만에 술자리를 함께 한 적이 있다. 그들이 모두 나이도 나이이지만 문단 경력 40년 전후의 중진이라서 그런지 다 할 이야기가 많아 즐거운 한담의 자리가 되었다. 각자의 근황을 떨어놓기도 하고 간혹 문단 이야기도 나누었다.

그러던 중 평소 위트가 있어 농도 잘하던 소설가 한 사람이 '대선배님, 아니 다관왕님, 저 술 한잔 받으세요'하며 잔을 쑥 내미는 것이었다. 순간 '뭐라고? 다관왕이라고? 그게 무슨 뜻이야.'라고 되물어보았다. 그러자 정색을 하며 나의 문단과 문필활동을 몇 가지 쭉 줏어대는 것이다.

그날 기분 좋게 집에 돌아왔다. 우선 책상 앞에 앉아 담배 한 대를 꼬나물며 '다관왕'이란 용어부터 생각해 보았다. 사전을 보니 '여러 가지의 칭호나 영예를 동시에 차지한 사람'이라 나와 있다.

특히 운동선수가 어떤 경기에서 메달을 여러 개 휩쓸거나 아니면 일정 기간에 메달을 여러 개 따낸 경우에 쓰인 말이라는 것쯤은 이미 우리가 알고 있다.

그러나 문인에게 갖다 부쳐주기에는 다소 생소한 말이 아닐 수 없다. 그래서 과연 어떤 경우에 이런 말을 쓸 수 있는지 생각해 보았다. 물론 문필활동이나 문단활동에만 한정될 수밖에 것이 이 개념의 한계다. 다른 잡다한 일상적 일들이나 사회활동을 남보다 더 많이 했다고 해서 함부로 부칠 수는 없는 말임은 자명하다.

그래서 지금 이 문제를 나름대로 넓고 깊이 생각해 본다. 이는 혹시 어떤 문인을 평가해 보거나 아니면 '다관왕'이란 칭찬의 호칭을 안겨줄 때 일단 좋은 참고 자료도 되리라 본다.

먼저 문필활동의 경우를 생각해 본다. 1) 신춘문예에 당선된 빈 도수가 많은 경우 2) 많은 작품을 생산해 내고 동시에 많은 저서를 낸 경우 3) 베스트셀러 반열에 두세 번 이상 오른 경우 4) 두세 장르를 오가며 괄목할만한 업적을 남긴 경우 5) 문학상을 많이 수상한 경우 6) 평생을 글을 놓지 않고 현역으로 활동하는 경우 7) 평론가라면 일반 평론이나 이론 비평은 물론 시간에 쫓기고 읽어내기가 힘든 월평 같은 현장비평에 적극 참여했느냐 등등이 있을 수 있다.

그다음 문단활동의 경우라면 1) 상대적으로 남보다 일찍 데뷔

해 조숙했다는 소리를 들은 경우 2) 문학 단체장을 많이 맡았던 경우 3) 세미나 등에서 가장 많이 주제 발표를 한 경우 4) 문학상을 많이 받은 경우 5) 심사위원을 많이 위촉받은 경우 6) 제자들을 길러내 많이 등단시킨 경우 7) 문학비가 많이 있는 경우 등등이 있을 수 있을 것이다.

이럴 때 '다관왕'이란 호칭은 꼭 1등만 두고 하는 말은 아닐 것이다. 경기에서 1, 2, 3등 만으로도 우승권에 들듯 상대적으로 남보다는 월등하다는 뜻이다. 그래서 문필이나 문단활동 중 그 어느 쪽에서건 아니면 양쪽을 다 보아서 그런 호칭은 통용될 수 있다고 본다. 물론 여기서 가장 값있는 쪽은 문필 쪽이다. 문단 쪽이 겉치레요 일시적이라면, 문학 쪽은 영구성이 있지 않은가.

그럼 이쯤에서 나의 경우를 한번 생각해 본다. 문필과 문단활동의 경우가 모두 12 가지인데 과연 몇 가지 정도에 해당될 수 있는지를 알아본다. 만약 어느 누가 이 12가지 중 7~8 가지 왕관이라도 쓸 수 있다면 그가 바로 '왕중 왕'이 아닐까 싶다. 이는 나에겐 언감생심이다. 그래도 크게 떠벌릴 수는 없다 할지라도 아쉬운데로 4~5가지는 된다 싶으니 그나마 위안은 된다고나 할까.

1) 상대적으로 다른 장르에 비해 데뷔가 늦을 수밖에 없는 평론 부문에서 23세에 등단하여 조숙하단 소리를 들었다. 2) 다른 평론가들이 부담스러워 한 소설 월평이란 현장비평을 기회가 올 때

마다 20년간 했다. 3) 평론가이기도 하였지만 예외적으로 40여 회나 문단 세미나에서 주제 발표를 해 '발표 전문가'란 소리를 들었다. 4) 저작 활동을 보면 일단 수필집 같은 것은 제외하고 학술 평론 아닌 정통 순수 평론집을 11권을 내고 보니 후배들로부터 보기 드문 업적 내지 실적이란 소리도 들었다. 한번 참고 삼아 과거와 현재에 걸쳐 꽤 이름을 날렸던 평론가들의 평론집 출간의 실적을 조사를 해본 적이 있다. 순수 정통 평론집 7~8권 낸 사람도 드물었다.

이쯤이면 약간 낯간지럽긴 하지만 나는 4관 다관왕은 되리라 자평해 본다. 내 멋에 겨워 좀 더 찾아보면 더 있을 수 있다. 58년간 쭉 글을 놓지 않고 살아왔으며, 자질구레한 문학상은 일단 제쳐두고 그래도 상위급에 속할 수 있는 이름 있는 문학상도 몇 번 받았던 적도 있다.

아무튼 이런 '다관왕'이란 칭호는 아예 없는 것보다는 훨씬 좋다. 이런 성적표는 자기를 꾸며주고 자기 홍보의 수단이나 훈장도 된다 싶다. 물론 '다관왕'이라고 해서 그것이 곧 높은 문학적 성취와 궤를 같이 하는 것은 아니다. 그러나 '다관왕'이란 결과의 성취를 위해 최대한 재능이나 능력 발휘가 있었던 점 그리고 부단한 노력 투자가 있었다는 점은 높이 평가해주어야만 하리라 본다.

나는 지금 자기도취는 아니더라도 자기만족이나 하며 살아야겠다고 다짐도 해본다. '행복은 자기만족에 있다'고 하지 않았던가. 어떤 사정으로 글을 중간에 그만둘 수 밖에 없었던 사람, 병고로 글을 포기한 사람, 아니 꽃을 피울까 말까 하다 저 세상으로 간 사람, 피나는 노력은 했으나 운이 따라주지 않았던 사람 등등에 비해 그래도 끝까지 살아남아 '다관왕'이란 소리를 들으니 그것도 예외적인 선택이요 복이 아닐까 싶어 감사하고 있다..

  그리고 보면 그날의 그 주석에서 그 소설가가 나에게 던진 그 '다관왕'이란 그 칭찬의 소리가 아직도 여운처럼 내 귀에서 울리고 있다. 머리 맡에 걸려있는 나의 좌우명 '부끄러움 없이 살자'가 나를 보며 빙긋이 웃고 있다. (2020)

문학 세미나 풍속과 나의
몇 가지 체험담

　문학 세미나는 크고 작은 문학 단체의 연중행사 중 하나다. 대개 1박 2일 일정으로 서울을 떠난 외지에서 주로 6월 말경이나 7월 방학을 맞이한 시기에 연다. 시기적으로 문단에서 이슈화되고 있거나 앞으로 될만한 문제를 다 같이 생각해 보는 자리도 되고 동시에 주최 측인 해당 단체로 보면 결속력을 강화하는 계기도 된다. 또 참가자 개인으로 보면 만남과 친교의 좋은 기회도 된다.

　특히 행사가 끝나고 여러 문인들과 어울려 보는 재미도 여간 즐겁지 않다. 그래서 세미나를 재담으로 '재미나'라고 한 이유가 바로 그런 점에 있다. 어떤 사람은 제사(행사)보다는 젯밥(친교의 어울림)이 더 좋아 참여한다고도 했다. 전국에서 모여든 남녀 참가자들이 삼삼오오 모여 이야기도 나누고 또 술도 마시며 흥겹게 노래도 하고 또 그러다가 더 흥이 나면 노래방으로 나가 노래 실력을 겨루어 보거나 춤 솜씨를 보여보기도 하고 아니면 단란주점으로 가 디스코 춤으로 온몸 운동을 해보다 보면 정말 즐겁기도 하다. 말하자면 하룻밤 집을 떠난 유쾌한 외출이요 외박이 아닐 수 없다. 초면이라면 사교의 좋은 기회요, 구면이라면 더욱 친교를 두텁게 할 수 있는 자리가 된다.

 생각해 보면 그동안 나는 50년이 훨씬 넘어선 문단생활 중에서 이런 세미나 행사에 다른 사람들에 비해 상대적으로 제법 많이 참가했지 않았나 싶다. 평론가이기에 주로 주제 발표나 아니면 사회 겸 진행의 좌장으로 참여할 수 있는 기회가 예외적으로 많았다. 자료를 한번 찾아보니 발표가 약 40여 회이고, 좌장이 약 20여 회가 되는 것 같다. 어떤 해는 발표가 불과 2~3개월이란 기간 내에 집중적으로 4~5차례가 있었던 해가 있고 또 어떤 해는 좌장을 4번이나 맡았던 해가 있다. 이중 많은 단체 중 가장 많이 참여했던 단체는 한국수필문학가협회의 행사였다. 발표는 2회이지만 좌장이 10여 회가 되는데 이러다 보니 그 단체의 회원들과는 한가족이 된듯한 친밀감도 생겼던 기억도 난다.

각설하고 그럼 이제부터는 내가 세미나 주제 발표자로 참가하여 경험했던 직접적인 체험담을 순서별로 몇 가지 풀어내 볼까 한다. 물론 듣고 보고 했던 해프닝이나 흥미로운 이야기가 없는 것은 아니지만 지면 관계상 나의 직접 체험담에만 한정한다.

그 첫 번째 이야기는 시인 김원길씨가 촌장으로 있는 안동의 산 속에 있는 지례 창작 예술촌에서부터 시작된다. 개촌 기념으로 처음으로 초청한 89년도 자유시협 세미나 때였다. 세미나를 마치고 저녁 식사 후 여름이라 마당에서 모닥불을 피워 놓고 장기자랑이다 노래다 하며 흥겨운 판이 벌어졌다. 내 개인적 경험으로는 시인들만의 세미나에 참석해 본 것은 그것이 처음이라 약간 마음도 들떴다. 또 나이도 50을 갓 넘은 시절이라 그런대로 기나 흥이 살아 있었고 거기에다 알량한 교수 체면에다 평론가 체면으로 문사다운 자유분방이 아니라 약간은 경직된 생활을 해 왔기에 '에라 모르겠다'며 마음껏 어울려 보았다. 밤새껏 이야기를 나누며 앞 강에서 잡아온 강 고기 매운탕을 별미 안주로 삼으며 술도 마셔댔다. 달빛에 취하고 모닥불 빛에 취하고 또 문정(文情)에 취하고 술에 취해 본, 명실상부 '깊고 푸른 밤'이었다. 점잔할 줄 알았던 교수 평론가가 밤새 술에 '바람난 평론가'가 되었으니 그 이튿날 화제가 되지 않을 수 없었다.

결과적으로 그날 밤의 술타령은 '약점의 인간학'이란 말이 있듯 나의 인간적인 면을 유감없이 보여주어 같이 어울린 일행과는 보이지 않은 벽을 허무는 데에는 상당히 덕은 되었다. 그리고 조지훈의 '주도유단'이란 글을 보면 1단에서 9단까지 정말 화려한 유단자가 나오는데 나는 그중 어느 단에 들진 못하고 겨우 주도 초급인 '주졸'급에 속하는데도 그만 한동안 실속 없이 팔자에 없는 그 2단의 '주객'이란 유단자 칭호를 하나 얻어 걸친 것이다. 나는 원래 술을 탐하지는 않는다. 집에서는 두세 달이 가도 한 방울도 하지 않았고 지금도 그렇다. 밖에서건 집에서건 노상 술타령이었다면 이렇다 할 양의 글 생산은 물론 벌써 저 세상 사람이 되어 있을 것이다. 단, 밖에서는 정에 약하고 분위기에 약하고 또 여기에다 딱딱하게 느껴지는 평론가란 옷도 한번 벗어보고픈 충동도 있어 더러 문우들과 어울리긴 했다. 그런데 그만 그 일로 한동안 '주객'이란 소리를 들었으니 얼떨결에 우리 문단의 위대한(?) 주객 반열에 올랐구나 싶어 기분은 좋았다. 그러나 사실은 속사정이 그렇지 않기에 한동안 필요하다 싶으면 그것을 설명하고 해명하느라 입이 좀 고생을 한 적이 있다.

그렇지만 그 이후도 약간의 체면만은 세워가며 이런 세미나의 술판에 더러 어울려도 보았고 또 그 덕도 좀 보았다. 사실 평론가

는 그 숫자가 극히 소수이라 문단 선거 때 출마를 했다 하면 장르
상으로는 매우 불리한 것은 불문가지다. 그나마 문학지라도 하나
가지고 있다면 별도로 친분을 쌓을 수 있는 기회라도 있을 수는
있다. 그런 처지도 아니어서 그 이후 세미나에 참석하면 그런 기
회라도 이용해 친분이라도 두텁게 해 두어야겠다는 생각에서 의
식적으로 더러 술판에 어울려도 보았다. 지난 시절 내가 부이사
장에 출마해 한번 당선이 되고 또 이사장 출마 시는 2등은 해보았
는데 거기엔 이런 어울림의 덕도 분명 있었다고 자평해 보고 있
다. 세상사나 인생사란 원래 과가 있이면 실이 있다고나 할까.

두 번째 이야기는 공교롭게도 두 세미나 행사 사이에 일어났던
일인데 지금 생각해 보면 마치 '007 위기 탈출' 같은 일이었구나
싶다. 92년 7월 17일 진도에서 열렸던 수필문학사 주관의 제1회
한국수필문학가협회 세미나 때였다. 주제 발표를 마치고 늦은 저
녁을 먹기 위해 식사가 마련되어 있는 바닷가로 나가 화기애애한
분위기에 식사를 하고 있는데 느닷없이 내 집에서 모시고 계시던
조모님 별세 소식이 전해졌다. 맏상주 노릇을 해야 할 장손인지
라 다급해지기 시작했다. 밤이라 대절 택시 외에는 속수무책이라
우왕좌왕하고 있는데 마침 그 행사에 참여했던 그곳 유지 한분이
구세주처럼 나타난 것이다. 자기 고향을 찾아준 분에 대한 예의

라며 직접 자기 차로 모시겠다는 것이었다. 밤길이라 교대로 차를 몰기 위해 택시 기사도 별도로 한 사람 불렀다. 전날 11시에 출발하여 다음날 새벽 3시에 도착했으니 가히 날아온 것이다. 버스로 7~8시간 걸리는 거리를 거의 반으로 단축시켰으니 지금 생각해도 아찔하고 사고가 없었던 게 천만다행이 아니었던가 싶다. 그리고 장례는 무사히 치렀다.

그런데 또 곧 주제 발표자로 참가할 일이 기다리고 있었다. 장례를 치른 지 5일 만에 모스크바행 비행기에 몸을 실었다. 한국문협 주최의 해외 한국문학 심포지엄이 열리는 카자흐스탄의 수도 알마아타에 가기 위해서였다. 비행기에 몸을 싣고 안도의 숨을 내쉬며 생각해 보았다. 할머니가 도와주신 것이란 생각이 언뜻 들었다. 만약 할머니가 며칠 뒤에 돌아가셨다면 모든 것이 불발인 것이 뻔한 이치가 아닌가! 나 혼자였던 한국 측 주제 발표의 발제문을 대신 다른 사람이 읽어야 하는 촌극이 일어났지 않았겠는가.

세 번째 이야기는 90년도 국제펜클럽한국본부 세미나 때의 일이다. 주제 발표자는 이어령 당시 문화부 장관과 모스크바 대학교 아시아·아프리카대학의 유 마주르 교수와 나였다. 진행 순서

유인물에 첫 발표는 나였고 마지막이 이어령이었다. 이어령 측으로부터 갑자기 다른 모임에 갈 일이 생겼다며 한 20분간만 인사 겸 먼저 하고 갔으면 하는 청이 왔고 또 그렇게 진행되었다. 그런데 이게 웬일인가! 끝이 없었다. 원래 달변가로 소문이 나긴 했지만 해도 너무한다는 생각이 들었다. 두 사람 정도의 발표 시간을 독식해 버렸다. 이어서 유 마주르 교수가 하고 나니 100여분이 훨씬 지나버렸다. 그다음 내 차례가 되었다. 지루할만한 시간에다 기분도 저기압이라서 대충 몇 가지만 말하고 유인물을 참고하라며 5분 만에 끝내버렸다. 오히려 역으로 다른 발표자 때보다 박수가 더 많았다. 최소 30분 정도는 소요될 발표 시간을 달랑 5분 만에 끝냈으니 이는 시간을 너무 오래 끈 앞 발표자에 대한 무언의 항의였는데 분명 번갯불에 콩 꾸어먹는 식의 '5분 발표'야말로 너스레를 떨어보면 세미나 사상 초유의 일이 아닐까도 싶다.

네 번째 이야기는 95년도 한맥문학가협회 세미나 때의 일이다. 행선지는 춘천 근방이고, 출발지는 서대문 소재의 독립공원에서였다. 버스 두 대가 대기하고 있는데 두 대의 허리에 매달려 있는 플래카드를 보는 순간 깜짝 놀랐다. 발표자인 내 이름이 대문짝만하게 씌어져 있는게 아닌가! 어떤 분들은 마치 국회의원 유세를 떠나는 차 같다고 농을 걸어오기도 해 한편 송구스런 마음이

들긴 했지만 속으로는 기분이 좋았던 하루였다. 평생 그 농처럼 처음이고 마지막인 '이유식 유세차'를 타본 경험이었다고나 할까.

다섯 번째 마지막 이야기는 97년도 7월 캐나다 토론토에서 열렸던 한국문협 해외 심포지엄 때의 이야기다. 동국대 교수요 산악인이었던 시인 장호(김장호)와 나는 다 같이 주제 발표자로 참가했는데 행사가 끝나고 그와 나는 캐나다 로키 관광길의 일행이 되었다. 캘거리를 거쳐 밴프 지역에 도착한 첫날, 우리는 거기서 하룻밤 잤는데 그날 저녁 우리 일행들 일부는 간이주점에서 시원한 맥주를 들며 그로부터 산악인 고상돈에 관한 이야기를 실감 나게 들었다.

본인이 대한산악연맹의 기획이사로 있을 당시인 77년도에 한국 에베레스트원정 훈련대장을 맡아 설악산 눈밭에서 고상돈과 그 일행 팀을 훈련시켰던 일, 그 결과 한국 최초로 에베레스트 정상에 오르게 했던 그 감격스러움 그리고 2년 뒤인 79년도에 북미 알래스카 산맥의 최고봉인 맥킨리봉을 등정하고 하산하는 길에 불행히도 심한 강풍에 몸이 쏠리어 그만 30세의 아까운 나이에 추락사하고 만 불상사 등등을 소상히 들을 수 있었다. 연구실 아니면 내 집의 서재에 노상 틀어박혀 있었던 샌님 서생의 귀에는 가히 모험담을 듣는 기분이었다.

그런데 참 세상 일이란 알 수 없는 일이었다. 평생을 산악인으로 단련된 건강이 바로 그 2년 후인 99년도에 불과 만 70세에 그만 꺾이고 말았으니 말이다. 세기의 연인이었던 마릴린 먼로 주연의 영화 '돌아오지 않는 강'의 로케 장소로 유명한 보우강의 보우폭포를 보며 서로 경쟁이라도 하듯 그녀의 그 유명한 엉덩이 걸음걸이를 흉내내 보며 서로 웃던 일 그리고 태고의 아싸바스카 빙원에서 천년을 장수한다는 그 빙하 약수를 마시며 서로 90세쯤 살고 보자는 덕담도 나누었는데 불과 2년 뒤에 돌아가고 말았다.

그리고 곁들여 이런 일 말고도 여러 세미나의 갖가지 추억들도 떠오른다. 메뚜기도 한 철이 있듯 이 모든 추억들도 결국은 한 때의 일이었구나 싶고 또 특히 80 고개를 바라다보며 인생 사양기를 맞고 있는 지금 이 순간, 세상 모든 일도 결국은 꿈속만 같이 느껴지고 있다. 이런저런 세미나의 갖가지 추억들도 이제는 세월과 함께 그야말로 '돌아오지 않는 강'을 향해 아스라이 떠내려가고 있는 듯 싶다. (2015)

둘째마당

일상 속에서 찾은 행복

'다리곱타' 만세!

 '다리곱타'라는 말은 내가 우스갯소리로서 자주 사용하는 말이다. 우리 몸의 생래적(生來的) 자가용이라 할 수 있는 '다리'와 영어의 '헬리곱타'를 합성시킨 일종의 국제결혼의 혼혈아다. 한 발자국 떼어놓는 다리에다 빠른 속도로 날고 있는 헬리곱타를 부착시켰으니, 그냥 '다리'라는 말과는 그 뉘앙스가 사뭇 다르다 하겠다. 다리는 다리되 좀 더 빠른 현대적 다리라는 연상이 가능한 말로서, 어쩌면 고속 시대에 살고 있는 우리에게는 어울릴 수 있는 우스개 말이기도 하다.

 그런데 70년대에는 말로만 마이카 시대가 오리라고 하던 것이 이제는 명실상부한 마이카 시대가 된 것 같다. 생래적 자가용(다리)의 기능과 유용성은 퇴조하고 후래적(後來的) 자가용(마이카) 시대가 되어 혜은이의 노래처럼 띠띠 빵빵 대며 거리를 질주한다.

서울시의 자가용 등록 대수를 보면 5, 6가구에 한 대 꼴이 되고 있다. 달동네의 영세민들을 제외해 놓고 보면, 웬만한 중산층 이상이면 한 대씩은 굴리고 있다. 심지어 두세 대를 두고 있는 집도 흔하고 보니 아빠차, 엄마차, 아들차라는 소리도 자주 듣는다. 심지어 가정부 차까지 있다던가?

그런데 이런 마이카의 호시절에 나는 아직 자가용을 갖고 있지 않다. 집에서 출근을 할 때에는 지하철을 이용한다. 대학 선생으로서 그런대로 출퇴근의 특권을 누릴 수 있어 번잡한 시간을 피한다. 이럴 때 간혹 학생들을 지하철에서나 혹은 지하철을 내려 학교로 올라가는 길에서 만난다. 뿐만 아니라 퇴근길에는 자주 동행을 하게 된다. '다리곱타' 부대들의 지상 랑데부라고나 할까.

대개 이런 상황이면 열에 아홉은 "왜 교수님은 자가용을 몰지 않으세요?"라는 질문을 한다. 중·고등 학교 교사들이 자가용을 몰고 또 내가 몸을 두고 있는 대학에서도 남자 교수의 경우 한두 사람을 제외하고는 모두가 자가용파니 어쩌면 그런 질문은 당연할지도 모른다는 생각이 든다. 나의 독야청청(獨也靑靑)이 청승맞게 보였던 모양이다.

이럴 때 구차스런 설명이 오히려 변명으로 들릴 것 같아 농담으로 내 다리를 가리키면서 "이것이 내 자가용 다리곱타가 아니냐." 하면 그제사 학생들은 웃는다.

나는 원래 기계만지기를 생리적으로 싫어한다. 오너 드라이버도 기사(技士)는 기사이니 핸들 만지기가 싫다. 그렇다고 기사를 둘 정도로 호기를 부릴 처지도 아니다. 설사 내가 손수 차를 몰 수 있다 하더라도 나의 생활 반경이 그런 정도의 기동력을 필요치 않는다. 기껏해야 출퇴근용이니 분주히 그 기동력을 활용할 정도로 나를 바쁘게 불러주는 곳이 없지 않은가. 그래서 오히려 나는 지하철을 부담 없이 편하게 이용하고 있다.
　그러나 이것은 나의 입장이다. 부부동체라지만 내 아내의 마음을 내가 알 수 없는지라, 어느 날 넌즈시 아내의 심중을 진단해본 적이 있다. 내가 살고 있는 빌라에서 유독 우리 집만 독야청청이니 여자란 원래 샘이 많다고 본다면 샘이 없지도 않으리라 생각했던 것이다.
　그래서 운전 학원에 다녀보라고 은근히 권유해 보았다. 일언지하에 싫다고 했다. 같은 또래의 부인이 자가용을 몰고 가다 어린애를 치어 쩔쩔매는 모습을 보고는 그런 생각이 천리 밖으로 도망갔다는 것이다. 나는 아예 운전을 싫어하니 아내 덕에 요긴할 때가 있으면 이용도 해볼까 하는 나의 일루의 희망은 영 사라져 버린 셈이었다.
　자가용이 없다고 구태여 시샘 많은 어린애처럼 그 유용성을 부정하고 싶지는 않다. 아쉬울 때가 더러 있다. 어떤 모임이나 회의에 참석한 후 집으로 돌아와야 할 때 남들은 부르렁거리며 쑥쑥 잘도 빠져나가는데, 처량하게도 혼자 걸어 나와 택시잡기 전쟁을 할 때면 초라한 느낌이 든다.

아주 오래 전에 발표된 적이 있는 피천득(皮千得)선생의 '가든 파티'라는 수필이 생각난다. 그때만 해도 자가용 소유가 재산 정도의 평가 기준이 된 시절인데, 영국 대사관에서 베푼 엘리자베스 여왕 생일 축하 가든 파티에 자가용 없이 참석했다가 당하는 씁쓸한 기분을 십분 이해할 것 같다. 그러나 지금은 그때와는 달리 자가용이 흔하고 흔한 세상이니 나의 처량한 몰골과 심정은 비교가 안될 정도이다.

이런 경우를 제외하면 자가용의 필요성은 거의 느끼지 않는다. 그 위험 부담, 번거로움, 그에 따른 모든 지출 등을 생각해 볼 때, 자가용이 없는 것이 훨씬 덜 부담스럽다.

특히 차만 타면 무언가 골똘히 생각하는 버릇이 고질화 되어 있는 나에겐 기사를 둘 자가용이 아니라면 역시 대중교통 수단이 제격이다. 지하철을 이용하면서 생각에 잠기다 보면 간혹 두서너 역을 더 지나칠 때가 있다. 이런 내가 자가용을 몬다면 아예 염라대왕에게 내 목숨은 맡겨놓고 다녀야 할 일이 아닌가.

어디 그뿐이랴. 자가용이 있다면 가족 동반으로 일요일이면 야외로 나들이를 나가야 할 판인데, 간혹 자가용의 일가족 교통 사고 뉴스를 들을 때 그나마 목숨을 오래 보전하려면 무자식이 상팔자라는 말이 있듯이 무자가용이 상책이 아니겠는가.

  가능하면 나는 내 '다리곱타'를 최대한 활용할 참이다. 운동 부족이다 하여 헬스클럽에 다니고 등산을 가고 하는데, 출퇴근 시 지하철을 이용하며 또 내 '다리곱타'를 이용하면 그것으로 적당한 나의 시내 등산(?)이 되지 않는가. 공교롭게도 내 집과 학교는 지하철에서 도보 운동 거리로서는 안성맞춤이다. 왕복 30분의 거리이니 하루의 표준 건강 도보 횟수가 만보 이상이라 하니, 어림잡아 그 정도는 되지 않을까 한다.

  그리고 다리가 불편하여 자가용에 의존하는 사람들에 비하면 나는 얼마나 행복한가.

  출퇴근 길에 배화 동산(나의 학교)을 오르내리면서 꽃다운 젊은 아가씨들과 한없는 대화를 나누련다. '소요학파' 시절의 소크라테스도 이곳저곳 아테네의 거리를 소요하면서 젊은 제자들과 인생과 철학을 논하지 않았던가.

  '다리곱타' 만세! (1988)

나의 한 평 농장

 아홉 세대가 살 수 있는 이곳 강남의 새 빌라로 이사 온 지도 어언 15년이 되었다. 처음 이사를 와서 보니 집 뒷마당의 한쪽 구석에 네다섯 평 되는 작은 공간에 아이들 전용 놀이터가 마련되어 있었는데 미끄럼대에 그네와 같은 놀이기구가 몇 가지 갖추어져 있었다.
 그 후 좀 세월이 지나다 보니 아이들도 자라나 어느 곁에 중고등 학생이 되자 놀이터는 거의 무용지물이 되어 버렸다. 반상회에서 그냥 버려둘 것이 아니라 겨울용 김장독을 묻어두는 곳으로 이용하자고 뜻을 모아 7~8년 전부터는 김장 장독대 구실을 해 왔다. 그러다가 근래에는 김치 냉장고가 집집마다 들어오자 그저 흙 속에 파묻힌 독들이 서로 뚜껑 덮인 머리만 내밀고 심심해서 숨바꼭질하는 장소인 양되어 있다.
 금년 봄 3월 말 어느 날 아침이었다. 좀체 가본 적이 없던 뒷마당으로 아침운동을 할 겸 내려가 보았다 한 평 남짓한 빈터가 눈에 들어왔다. 순간 오라 참 잘되었구나 만물이 소생하는 봄이니 텃밭이나 하나 만들어 보자는 생각이 문득 떠올랐다. 한 때 신문에 나오는 주말농장이란 광고를 보고 취미 삼아 주말 나들이용으로 하나 장만해 둘까 생가도 했던 터라 꿩 대신 닭이라고 생광스럽다 싶었다.

 이튿날 아침 잡초를 뽑아내고 땅을 파 뒤집어 흙을 꽃삽으로 손질을 하다 보니 내가 일제 말기 유년시절에 들었던 소위 一坪園藝란 말이 생각났다. 그 당시 총독부는 부족한 농작물 소출을 올려 군수용으로 거두어 가기 위해 시골에서는 손바닥만한 빈터라도 있다 싶으면 무엇이든 심도록 독려했다. 그것이 이른바 '일평원예'다. 학교 운동장의 공터, 가가호호의 뒤안이나 앞마당, 논과 밭 두렁을 가릴 것 없이 손바닥만 한 빈터만 있으면 무엇이든 심으라고 독촉이 대단했다. 박하, 생강. 피마자. 호박 등을 심었다.

 그때를 생각해 보며 이제는 내 아버지 세대와는 달리 내 스스로가 취미 삼아 '일평원예'아닌 '일평농장'을 일구고 있구나 싶었다. 제법 모양새 나는 손바닥 밭을 만들어 놓고 곧바로 집 부근에 있는 꽃가게로 가서 고추, 호박, 가지 모종을 몇 포기씩 사다 달라고 부탁해 두었다. 2,3일이 지나자 연락이 와서 가져다 심었다.

 간혹 내려가 보긴 했는데 한 달이 지나자 고추 포기와 가지 포기가 제법 쑥 자라 있었고 호박 포기는 내가 얼기설기 엮어놓은 나뭇가지를 타고 덩굴이 쭉 뻗어가고 있었다.

그 후 재미가 있다 싶어 아침마다 내려가 눈인사를 하고 때론 미리 장만해둔 거름을 묻어 보기도 하고 비료도 주어 보았고 또 가뭄을 탄다 싶으면 물을 주어 보기도 했다. 정말 생산적인 즐거운 아침운동으로 정성을 다 해 보니 제법 잎과 덩굴이 무성한 텃밭으로도 차츰 변했다. 드디어 꽃이 피고 열매를 맺는 것이 아닌가. 처음 콩알만한 애기 열매들이 하룻밤만 자고 나면 쑤욱쑤욱 커져 차츰 어른 열매 모양으로 되어 가는 과정을 보니 그것은 일종의 경의였고 감동이었다. 생명의 조화로움과 생명의 신비를 실감하게 된 값진 관찰이었고 체험이었다.

가지와 고추를 따다 반찬으로 해 먹어도 보았고 또 호박잎도 두세 번 따다 쌈도 싸 먹어 보았다. 나의 정성과 노력이 들어갔다 싶으니 정말 맛이 더 났다.

요즘은 마침 방학중이라 아침만이 아니라 늦은 오후에도 가끔씩 가서 들어다 본다. 그럴 때면 '지이지이' 왕매미 소리, '쌔에릉쌔에릉' 참매미 소리, '시옷시옷' 무당매미 소리, '맴맴맴' 말매미 소리가 마치 열린 음악회라도 열어 무더운 여름을 쫓아내기라도 하듯 은행나무 가지 위에서 합창을 하고 있어 더욱 운치가 있어 좋다. 나의 이 '일평농장' 이야말로 나의 놀이터요, 휴식공간이며, 일터요 운동장이다. 호박도 7~8개 열려 날마다 몰라보게 커 가고 있으니 얼마 있지 않아서는 애호박으로 우리 집 식탁 위에 오를 것이다.

정말 키우는 재미를 맛보고 있다. 아이들은 이미 다 키웠으니 이제는 말없는 식물에게 정을 주고 사랑을 주면서 또 다른 키우는 재미를 맛보고 있다 고나 할까. 재미를 붙인 김에 내년에는 우리 집 김장독이라도 처분해 그 자리에다 조각 밭 하나를 더 만들어 볼까 도 생각하고 있다.

이런 생각을 하다 보니 덩달아 정년 후의 일에까지도 생각이 미친다. 아내가 싫다면 나만이라도 고향에 내려가 살아 있는 짐승도 키워 보고 남새밭도 가꾸어 보고 싶다. 공해에 찌든 도시생활이 점점 싫어지고 있다.

전혀 가망 없는 꿈은 아니다. 종손인 내 소유의 임야도 있고 논과 밭도 있으니 마음먹기에 달려 있다. 선영도 돌보며 책도 보고 글도 쓰며 또 아마추어 농사꾼이 되어 보는 것도 정말 좋을 듯싶다.

19세기 미국의 시인이요 사상가인 헨리 데이빗 소로우가 생각난다. 그는 도끼 한 자루를 들고 월든 호숫가 근처 숲 속으로 들어가 조그마한 통나무집을 지어 몇 년간 생활하면서 보고 느낀 생각들을 적어「월든」(일명「숲 속의 생활」)이란 책을 내었다. 자유로운 삶의 의미와 자연의 변화와 관찰을 통해 자연의 위대함을 보여주고 있다.

또 한 사람이 생각난다. 미국의 여류작가이고 해양 생물학자였던 레이첼 카슨이다. 유작「놀라는 마음」이란 책은 자연의 신비와 그 오묘한 변화에 대해 독자로 하여금 '놀라는 마음' 즉 경이감을 갖도록 해주고 있다.

만약 내가 시골로 돌아간다면 특히 지구 환경의 위기가 운위되고 있는 세상이니 그런 글을 꼭 쓰고도 싶다.

나는 지금 귀향 길을 환상 해보며 예이츠의「이니스프리섬」을, 도연명의「귀거래사」를 우리의 가사「청산별곡」을 차례로 읊조려 본다. 그리고 나의 '귀거래사'도 연습 삼아 미리 한 번쯤 생각해 둘까도 한다. (2000)

양재천변을 산책하며

나는 좀 게으르다. 그리고 굳이 평소에 운동의 필요성을 느끼지도 않고 있다. 등산을 좋아하는 친구들이 동행하자 해도 마다해 왔다. 헬스클럽에도 다니지 않고 아침 운동도 하지 않는다. 나의 일상 활동 자체를 평소 운동으로 여기고 있다.

집에서 학교까지 자가용 대신 일부러 지하철을 이용해 가고 오고 하다 보면 하루 평균 걷는 시간이 40분은 된다. 뿐만 아니라 계단 오르내리기를 하기 위해 일부러 강의 중 10분 쉬는 시간이면 나의 연구실을 오간다. 그러면 하루 한 시간 정도의 다리 운동량은 족히 된다.

이런 나와는 달리 아내는 평소 걷는 시간이 적은지라 오전 시간에 종종 동네 친구들과 어울려 집에서 그렇게 멀지 않은 대모산(강남)에 오르기도 하고 때론 양재천변을 이용하기도 한다. 그래서 아내는 나에게 양재천변의 홍보대사(?)요 예찬론자가 되어 있다.

양재천은 경기도 과천시 관악산 부근에서 발원, 강남권을 가로질러 한강으로 흘러 들어가고 있다. 4~5년 전만 해도 악취를 풍길 정도로 오염이 되어 있었다.

그러나 이제는 살아나 있다. 수질 정화시설을 갖추고 자연 친화적 천변 정리 사업을 벌여 천변에는 돌나무, 갈대, 갯버들이 무성하고, 바닥에는 수초도 자라 얼룩동사리, 피라미, 모래무지, 각시붕어가 노닐고 있고, 왜가리, 백로, 오리 떼도 한가로이 떠다닌다.

이러다 보니 아내는 홍보대사답게 아침 산책이나 운동 코스로는 가깝기도 하니 제격이라고 곧잘 나를 부추겼다. 그래서 지난 여름방학부터 거의 매일 아침 운동을 다니고 있다.

집에서 나서 보면 정말 천변은 가까운 거리다. 걸어서 강남경찰서 옆 강남운전면허사무소를 끼고 내려가 보면 탄천이 나오고 야트막한 다리에 이른다. 거기서 일단 2~3분 쉰다. 건너편을 바라보면 잠실종합운동장이 보이고 또 바로 맞은편 건너 고수부지에는 면허시험장이 있다.

거기서부터 자전거 도로를 따라 본격적인 운동이 시작된다. 뛰기도 하고 경보도 해보며 천천히 걸어도 본다. 아침 산책이나 자전거를 타기 위해 나온 사람들도 제법 만난다. 노부부, 중년부부, 부자간, 모녀간 아니면 혼자 나온 분들도 더러 있다. 이런 식으로 좀 올라가 보면 조그마한 늪 웅덩이가 있는 양재천 지류에 이른다. 간혹 백로들이 서너 마리씩 날아와 조찬모임(?)을 하고 있기에 늘 그곳을 둘러본다. 우리는 이 웅덩이를 제법 그럴듯하게 '백조의 호수'라 명명해 두고 있다. 그러고 보면 어느새 우리 부부는 비록 초로지만 나는 젊은 왕자로 아내는 공주로 변신한 듯한 기분이 든다.

그리고 바로 옆을 보면 개울을 건너 다니는 나지막한 다리가 하나 있다. 어느 날 그 다리 난간에 앉아 쉬다 보니 문득 아포리네르의 〈미라보 다리〉란 시가 떠올라 읊조려 보았더니 아내는 이 다리를 '미라보 다리'라고 부르는 것이 어떻겠느냐 기에 그 후 그렇게 부르고 있다.

또 거기서 5분쯤 걸어 올라가 보면 돌 징검다리가 나온다. 그곳을 반환점으로 정해 놓고 있다. 나무판자로 된 야트막한 계단이 이 징검다리와 연결되어 있는데 계단 양옆을 제법 육중한 바윗돌로 층이 나게 잇대어 놓았다.

그중 널찍하고 뭉실뭉실한 바윗돌 두 개가 비스듬한 ㄴ자 모양으로 드러누워 있는 곳이 있는데 나는 이곳을 '야외 헬스클럽'이라 명명해 놓고 있다. 걸터앉아 누웠다 일어났다 하는 이른바 윗몸 일으키기 운동용으로는 안성맞춤이다. 말하자면 일종의 헬스기구가 되고 있다. 그 다음 이 바윗돌은 또 돌 북도 되는데 손바닥을 돌에다 100여 차례 쳐보는데 손바닥 운동에도 좋다. 그리고 때론 기분이 동하고 주변에 다른 사람들이 없다 싶으면 이 돌 북의 장단에 맞추어 노래도 한 곡조 뽑아본다. 어디 이런 것뿐이랴. 어릴 때 빗돌 타던 시절을 생각하여 이제는 돌말이라 명하며 흡사 하천을 가로질러 건너는 기사인 양 말타기 흉내도 내 본다. 말이요, 안장이 된다.

정말 그 바위는 적어도 나에게만은 다목적용 바위가 되는 셈이다. 윗몸 일으키기 운동기구가 되고, 돌 북이 되고, 돌말이 되니 놀이터요, 좋은 야외 운동실이 아닐 수 없다. 이러다 보면 20분은 금세 지나간다. 그리고 집으로 돌아와 보면 가고 오고 하는 시간을 합쳐 1시간 반이 걸린다.

사실 평생 처음 해보는 아침 산책이요 운동인지라 이렇게 제법 재미를 붙이다 보니 요즘 나는 늦바람이 나 있다. 거꾸로 요사이는 연구일이거나 오후 강의가 있는 날이면 아내에게 내 쪽에서 오히려 운동 나가자고 조르고 있다.

나는 양재천을 사랑한다. 그 천변을 따라 산책하다 보면 소원했던 부부 사이의 애정이 새로워지는 듯하고 아침 운동은 물론 신선한 공기를 마셔서 좋다. 덤으로 생긴 보너스라면 '미라보 다리'에 앉아서는 옛 데이트 시절로 돌아갈 수 있어 좋고, '백조의 호수'에서는 나는 왕자가 되고 아내는 공주가 되니 한 순간만이라도 아침

공기처럼 마음이 한결 맑고 젊어진다. 일거오득인 셈이다.

  내가 이사를 가지 않는 한 가능하면 나는 아침마다 이 양재천변을 걸을 것이다. 몸과 마음을 가다듬는 좋은 심신훈련의 도장으로 삼아 볼 생각이다.

  그리고 이 양재천변을 걸으며 나는 자연은 있는 그대로 살려 두거나 아니면 인간의 손길이 미치더라도 자연 친화적이어야 한다는 생각도 해보았다. 오염되고 인공적인 양재천이라면 어느 누가 그곳을 사랑하겠는가! (2000)

석양의 테헤란로를 걸으며
- 강남 이야기 작품집 20주년 기념사업 -

늦은 오후다.

마침 책상 위에 있는 여행기를 뒤적이다가 보니 오래전에 내가 한번 가본 적이 있는 노르웨이 오슬로의 비겔란공원(원명은 프롱네르공원)이 나왔다. 그곳은 북유럽의 로댕이라 불리는 조각가 구스타프 비겔란이 손수 만든 조각품 150여 점이 전시되어 있는 테마공원이다.

기억이 새로워 그때의 장면들이 어제처럼 훤히 떠오른다. 58명의 나신 동상이 양옆 난간에 도열해 있는 듯 인공호수 위에 걸쳐져 있는 정면 입구의 다리, 그리고 단연 압권이랄 수 있는 '인간 기둥'이라는 뜻의 '모놀린텐'이 성큼 눈앞에 다가온다. 17m의 거대한 한 개의 돌기둥에 벌거벗은 121명의 남녀노소가 꼭대기를 향해 뒤엉켜 필사적으로 기어올라가는 '모놀린텐'이 순간 내 눈앞을 가로막는다. 문득 내 집에서 그리 멀리 떨어져 있지 않은 선릉공원이 생각난다.

참으로 오랜만에 테헤란로를 따라 산책길에 나서 본다. 내 집이 삼성역 부근이라 약 20여 분의 거리다. 왕릉이 울창한 수목으로 둘러 싸여 있어 혼탁한 도심 속에서 그나마 산책이나 삼림욕으로는 안성맞춤이다.

세 왕릉이 있다고 '삼릉'이라 부르기도 하고 또 그 능 이름을 따 '선정릉(宣靖陵)'이라고도 하며, 공원으로서는 '삼릉공원'이라 하는데 편의상 '선릉공원'이라 부르고 역시 그 부근의 지하철 역명도 선릉역이다.

삼릉은 조선왕조 9대 임금인 성종과 계비 정현왕후 윤씨(중종의 어머니)의 선릉과 반정으로 쫓겨난 이복형 연산군의 뒤를 이어 11대 임금이 된 중종의 정릉이 있기에 삼릉이라 했다.

중종에겐 세 명의 왕비가 있었지만 아버지와 어머니의 무덤 가까이 자기 혼자만 홀로 와, 살았을 때 나누지 못했던 부자와 모자 간의 정을 깊이 나누고 있는 듯 싶은 곳이다.

길을 따라 걷다 보니 오늘따라 내 앞을 지나는 행인들의 각각의 옷 색깔처럼 여러 생각들이 스치고 지나간다. 70년대 초였다. 선릉공원에서 향우회 모임이 있다기에 그곳에 난생처음 가 보았다. 순간 그 시절에 생각이 미치다 보니 어느 사이 건물들은 사라지고 시야에 허허벌판만이 쭉 펼쳐진다. 밭이나 논이었던 이곳! 이젠 강남의 노른자위로 변해 있다. '산천은 의구하되'라고 읊었던 고려말 길재의 시조가 틀린 말이구나 싶다.

　강남의 대동맥인 이 테헤란로의 원래 이름은 삼릉로였다 76년도에 이란의 테헤란 시장이 방한한 것을 계기로 서울시가 서울과 테헤란간 가로명 교환을 제의하여 그 이듬해부터 테헤란로로 바뀌었다. 서초역에서 삼성역으로 이어지는 이 길의 이름은 말하자면 중동 외교의 산물이다.

　내가 이곳으로 처음 이사 온 해는 85년도로 이곳의 부동산 열기가 점차 수그러들 무렵이다. 아이들 교육 때문이었다.

　70년대 초에 영동 신시가지 개발계획이 발표되고 곧이어 큰 길이 뚫리기 시작하자 이곳 토착민 중에는 일부 벼락 땅 부자가 태어났고 외지의 땅 투기꾼들은 큰 부자가 되었다.

　아, 황금 알을 낳았던 땅 투기의 거리, 금융의 거리, 벤처신화의 거리! 이 거리의 한쪽 구석에 살면서 그럼 나는 도대체 무엇을 했던가? 곰곰이 생각해본다. 숨겨 논 땅이 있었던가. 그것도 아니다. 빈터에서 크고 작은 건물들이 들어설 때면 너무 높이 매달려 있는 포도를 보고 '저 포도는 시다'라고 말했다던 이솝 우화 속의 그 여우의 간교함을 지금 흉내내지 않는 이상 나는 상대적 박탈감도 느끼곤 했다. 나도 저만한 땅만 미리 사두었다면 벌써 빌딩 주인이 되어 있을 텐데 라고 물욕에 대한 탐욕스런 향수가 불쑥불쑥 고개를 내민 때도 있었다. 그렇지만 오로지 글 쓰고 가르치는 재주밖에 없으니 어디 감히 엄두 조차 낼 수 있었겠는가. 그저 자위하는 수밖에 없다. 좋건 싫건 시시각각으로 골드 러쉬의 열풍이 불어닥친 이 거리의 주민이 되어 있는 것만도 다행이고 위안이다. 한때 개그로서 나온 농담이긴 하지만 강북에 살지 않아 그나마 팔불출중의 하나라도 면했고 또 사는 곳이 어디냐고 물으면 '젖과 꿀이 흐른다'는 한국판 가나안 복지(?)에 사는 덕에 제법 어깨에 힘을 주어 '강남 삼성역 부근이죠'라고 대뜸 말하며 그 가증스런 선민의식(?)의 특혜를 누린 적도 있다.

  이제는 다른 생각들을 떨쳐버리고 내가 이곳에 와서 직접 경험했던 일만을 곰곰이 생각해 본다.

  외동딸을 시집보냈고, 두 아들을 별 탈없이 훤한 장부로 키워 짝을 맞추어 분가를 시켰다. 크게 좋은 일도 크게 나쁜 일도 없었으니 무해무득도 그 얼마나 좋은가. 속설로 이사 운이 나빠 이사 덕은 고사하고 공연히 이사 간 곳에서 불행한 일을 당하는 경우에 비하면 그것도 위안이요 축복이 아닌가.

  또 있다. 비록 이 거리의 졸부는 못되어 있지만 글도 쓰고 학교를 오가면 이곳 강남을 위해 한 일도 있다.

  문협 부이사장 시절이었다. '부'란 원래 허울 좋은 감투요 빛 좋은 개살구다. 문단이나 문인들을 위해 어떤 일을 직접 펼쳐보고, 추진해 볼 수 있는 자리가 아니다.

 그렇다면 거창하게 전국단위의 부이사장 허울만 쓰고 않아 있을 것이 아니라 직접 내가 살고 있는 지역사회를 위해서나마 봉사할 수 있는 일이 무엇인가를 생각도 해보았다. 90년대 중반이었다. 전국 경제 자립도 제1위 행정구였지만 문화면만은 불모지였다. 그래서 지역문인협회라도 만들어 보기로 했다.

 그 당시 서울시 산하 7~8개 구에서는 이미 구 단위 문인협회가 결성되어 있기에 그것도 자극이었다. 처음에 몇몇 문우들에게 그런 뜻을 넌지시 말해 보았더니 대뜸 어렵지 않겠느냐는 반응이었다. 다른 구에 비해 상대적으로 글쓰기와 생활기반이 이미 잡혀 있는 분들이 많아 극히 개인주의적일 수밖에 없으니 굳이 단체 활동에 관심을 갖겠느냐는 부정적인 대답도 나왔다.

 그러나 가능·불가능은 차후로 미루고 일단 착수를 해 보았다. 의외로 성공이었다. 96년도에 창립하여 초대 회장을 맡았다. 관련 부서와 청장, 부청장실을 자주 드나들며 가히 줄다리기식 투쟁(?)도 해보았다. 가까스로 연 2회 독자적인 협회 기관지를 발행하되 제작비와 원고료 전액을 지원받기로 합의를 보았다. 그 후 기관지도 서너 권 만들어 내었고 기타 부대행사도 치러보았다.

 특히 제작비와 원고료 전액 지원은 타구의 협회에 비하면 파격적으로 얻어낸 소득이라 많은 부러움도 받았고 또 이것이 자극이 되어 몇몇 구에서는 협회가 창립되기도 했다.

그리고 이 일 외에도 또 한 가지 더 있다. 강남문화원 창설 추진 위원으로 참여하여 문화원을 출범시키는데 깊이 관여도 해 보았다. 이런 일 저런 일로 이 거리에 정을 붙이고 오래 살아오다 보니 이젠 다른 곳으로 이사 가기가 싫다.

꼬리에 꼬리를 물고 이 생각 저 생각을 하며 걷다 보니 어느 결에 공원 입구에 다다르고 있다. 평소에는 아무런 생각도 없이 습관처럼 무심히 다니던 길이다. 그런데 오늘따라 위용을 뽐내는 듯한 빌딩 밑을 지나다 보니 처음에는 주눅이 들어 마음이 착잡하다 싶었다. 그러나 마음을 바꾸어 남들이 빌딩을 올릴 때 나도 정신의 빌딩을 세워 놓았구나 싶으니 한결 마음이 가벼워진다.

문득 서쪽 하늘을 쳐다본다. 해가 노루 꼬리만큼이 아니라 몇 발쯤은 아직도 남아 있다. 오늘은 공원의 신선한 공기를 한껏 마셔 보리라 생각하며 입장권을 한 장 사 든다. (2016)

잊지 못할 인연의 강화

 이번에 강문협의 강화문학기행에 동참해 보았다.
 하루 일정으로 떠나는 날이다. 광역 및 기초 단체장 투표를 아침 일찍 끝내고 곧바로 택시를 잡아타고 출발지인 강남문화원 앞으로 갔다. 8시 반 출발이라 10분 전에 도착해 보니 많은 남녀회원들이 이미 대절버스에 올라 있거나 아니면 밖에서 서로 즐거운 인사를 나누고 있었다.
 나로서는 참으로 오랜만에 강남문인들과 어울려 보는 자리다. 2년 임기의 초대 회장 자리를 물러난 뒤론 근 4년간 여러 행사에 거의 불참했다. 그동안 여러 차례 문학기행을 떠난다는 연락도 받았지만 어쩐지 마음이 썩 내키지 않았던게 사실이다.
 그러나 이번만은 달랐다. 가벼운 마음도 들었을 뿐만 아니라 행선지가 나와는 특별한 인연이 있는 곳이기에 추억여행도 되겠다는 생각이 들었다. 문학기행이란 이름으로 회원들과 어울려 본

것은 그것이 처음이었는데 참으로 유쾌하고도 즐거운 시간을 보냈다.

강화가 나와 특별한 인연이 있는 곳이라 했는데 그것은 고향이 거기라서도 아니고 또 선산이 있어서도 아니고 아니면 특별한 친구나 연인이 있어서도 아니다.

2000년도 11월 하순경이다. KBS 2 TV '그곳에 가고 싶다' 프로 담당 PD로부터 전화가 왔다. 12월 17일자 일요 아침 프로에 방영될 예정인데 로케 장소가 강화도로 정해졌다며 이 프로에 꼭 나의 집사람과 함께 출연해 달라는 요청이었다.

사실 속으로는 매우 기뻤다. 간혹 그 프로를 보면서 언젠가는 나도 한번 출연해 보았으면 하는 생각을 한 적이 있었기에 아주 즐거운 마음으로 즉석에서 승낙했다.

5명의 스탭진들과 4박 5일을 그곳에서 보냈다. 스케줄 표를 보니 전연 가보지 않았던 곳이 많이 끼여 있어 더욱 기뻤다. 마니산 등정, 동막갯벌, 새우잡이로 유명한 창후리 포구, 외포리 포구와 석모도의 보문사, 왕골로 만드는 삼합의 명산지 교동도 등을 난생처음 가보았다. 정말 뜻있는 체험이었다. 그동안 TV에 여러 번 출연해 본 적은 있지만 우리 부부가 준배우(?)가 되어 마치 구혼여행(?)을 즐기듯 했으니 잊을 수 없는 곳으로 각인되어 있다.

지금도 잊혀지지 않는 기억이 몇 가지 있다. 산낙지 잡는 현장

촬영을 위해 동막갯벌로 들어가다가 잘못 발을 들여놓아 그만 뻘 수렁에 빠져 3~40분을 생씨름하다 겨우 빠져나오기도 했는데 지금도 그 생각만 하면 식은땀이 난다. 무릎까지 빠져들다 보니 영낙없이 갯벌 귀신이 되는가 싶었다. 천신만고 끝에 겨우 빠져 나오다 보니 안내자겸 낙지잡이꾼이 하는 말이 밀물이 들어올 때면 갯벌 귀신이 된 사람들이 더러 있었다는 말을 듣고는 등골이 오싹했다. 그곳은 군인들이 해안경계를 하는 곳이라 허가받은 사람 이외엔 민간인 출입이 금지되어 있어 곳곳에 위험이 도사리고 있다는 것이다.

또 우리 부부가 원없이 팔짱을 끼거나 아니면 손을 마주 잡고 다닌 기억도 있다. 촬영 중에는 PD의 엄명(?)에 따라 줄곧 그러고 다녔으니 늙은 잉꼬부부(?) 연기덕에 평소에 느껴보지 못했던 또다른 체온과 정을 한꺼번에 느껴도 보았다.

그리고 또 난생 처음으로 연기지도(?)도 받아 보았다고나 할까. NG는 다른 사람들에 비해 그렇게 많이 내지는 않았다고 칭찬은 들었지만 표정이 너무 굳어있다, 걸음걸이가 너무 뻣뻣하다, 손을 너무 흔들지 않는다, 말투가 너무 강의조의 교수티가 난다는 등속의 소리를 수시로 들었다. 잘해 보자는 관심과 호의임에도 나는 적반하장 격으로 슬슬 부아가 나 불평을 늘어놓았다. 1시간 프로에 지루하게도 왠 4박 5일간의 촬영이냐고 볼멘소리를 했더니 모르시는 소리라고 핀잔만 들었다. 약 2시간짜리 영화 한 편을 찍는데 몇 개월도 걸리지 않느냐는 반문에 나는 그저 입을 다물 수밖에 없었다고나 할까.

그러나 촬영시에는 이런 고생 저런 신경도 써야 했지만 방영되는 날에는 매우 기쁜 일도 있었다. '이유식의 강화'라는 작은 제목이 달려나온 이 프로를 가족들이 함께 보는 자리에서 큰 아들왈 방송국에서 기념용으로 보내준다는 녹화테잎을 잘 보관해 두었다가 훗날 나의 기일(忌日)에 틀어놓고 제사를 올리겠다는 것이다. 순간 참 좋은 생각이다 싶었다. 그도 그럴것이 영정 하나 달랑 얹어놓는 것보다야 몇 배의 가치가 있다 싶어서였다. 살아 움직이는 부부의 모습에다 생생한 육성도 담겨 있고, 그것도 방송국 제작팀이 4박 5일간 촬영하고 편집을 거쳐 전문 내레이터의 내레이션까지 곁들여져 있으니 겸손을 가장한들 금상첨화가 아니랄 수는 없다. 뿐만 아니라 방영 당일 실시간에 경향 각지에서 걸려오는 반가운 인사 전화도 많이 받으며 참으로 TV의 위력을 실감도 해보았다.

말하자면 강화는 남다른 이런 깊은 연고가 있는 곳이 아닌가! 이곳을 정든 문우들이나 후배들과 함께 다시 찾아갔으니 더더욱 기뻤고 감회가 새로웠다. 그동안 가보지 못했던 곳도 몇 군데 덤으로 다녀온 것도 큰 소득이었다.

하점면 부근리에서는 사적 137호로 지정된 고인돌 무덤들을 둘러보았다. 청동기 시대의 유적들이다. 한강 이남에서만 보이는 바둑판식(남방식)과 탁상식(북방식)이 함께 분포되어 있는 것을 현장 확인도 했다.

그리고 산비탈 한적한 곳에 초라할만큼 쓸쓸히 누워 있는 고려 고종의 무덤, 시와 술 그리고 거문고를 너무 즐겨해 삼혹호(三酷好) 선생이라 자칭할만큼 성격과 행동이 호방했던 고려 고종시의 문인 백운(白雲) 이규보의 무덤, 조선조 후기 근세 실학의 신학풍을 일으킨 이른바 강화학파의 태두 정재두의 무덤을 각각 둘러보았다. 그들의 무덤이 이곳에 있다는 것을 처음 알았다.

이런 무덤들을 둘러보며 특히 이번 여행길에서는 다른 때와는 달리 강화가 역사적으로 한과 눈물과 한숨이 서린 섬이란 것을 일시에 떠올려 보았다.

천연의 요새였기에 몽고군의 침입시는 고려의 왕실과 조정이 이곳으로 옮겨와 40년 동안 곁방살이 같은 신세를 못 면했으니 왕조의 한이 서려 있지 않은가. 이것 뿐만이 아니다. 조선조로 와서는 정묘호란 때 인조가 이곳으로 피신을 했고, 약 10년 뒤인 병자호란 때에는 사실은 인조가 강화도로 피신을 오려다 길이 막혀 발길을 돌려 남한산성으로 갔지만 종묘사직의 신주(神主)와 빈궁 그리고 원손은 이곳에다 피신시켰는데 불행히도 함락을 당한 비운의 땅이 아닌가.

 또 서해를 통해 서울로 들어오는 관문이요 초입이라 구 한말에는 프랑스군의 배가 들어와 병인양요를 일으켰고, 다섯 해 뒤에는 미국 군함이 들어와 신미양요를 일으켰으며, 4년 뒤에는 일본 군함 운양호가 들어와 이른바 운양호 사건이 촉발되지 않았던가. 힘없는 나라의 서러움과 원통함이 서린 곳이구나 싶으니 못내 가슴이 아팠다.

 그런가 하면 왕이나 왕족 아니면 권신들의 유배지였기에 한과 눈물이 서려 있는 곳도 아닌가. 저 멀리는 고려의 개국공신 박술이 장군이 태조가 가고 그 아들 혜종이 재위하고 있을 때 권력암투의 희생양으로 이곳으로 귀양 왔다가 피살되었고, 고려말에는 14살 난 30대 충정왕이 이곳으로 쫓겨왔다가 다시 강릉으로 쫓겨가 살해되었으며, 33대 9살 난 어린 창왕이 역시 이곳에서 살해 되었다 싶으니 권력의 비정함을 새삼 느껴도 보았다.

 또 있다. 조선조에 들어와서는 안평대군이 형인 수양대군의 왕위 찬탈 사건에 휘말려 이곳으로 유배되지 않았던가. 광해군 때에는 능창군이 능창군 왕위 추대 사건이란 역모에 연루되었다 해서 이곳에서 귀양살이를 했으며, 역시 같은 광해군 때 8살 난 영창대군이 이 섬에 보내져 밀실에 갇힌채 죽었으며, 아이러니컬하게도 광해군 자신도 인조반정으로 쫓겨나 이곳에서 죽었고, 중종

반정으로 쫓겨난 연산군도 이곳에서 귀양살이를 했다. 또 사도세자의 아들 은언군이 이복형인 정조의 명으로 이 섬으로 옮겨와 살았는데 이 은언군의 손자가 바로 후에 철종이 된 강화도령이 아닌가.

그리고 보면 강화는 한과 눈물과 한숨의 섬이 아닐 수 없다. 강화의 바람결에는 원혼들의 울음이 묻어 있는 듯 싶었고, 강물소리에는 왕조의 한이 들려오는듯 싶었으며, 무심히 흐르는 하늘의 구름 자락에는 유배자들의 한숨과 눈물이 어리어 있는 듯 싶었다.

이번의 강화 기행이 적어도 나에겐 역사기행으로서도 특별한 의미가 있었다. 거기에다 문학기행, 추억 기행까지 겹쳐져 있었으니 어쩌면 삼박자가 맞아떨어진 기행이었다고 스스로 매김해 본다.

되돌아오는 차내에서 권력암투의 비정함, 권력의 무상함을 다시 한번 되새겨 보았고 또 연산군과 광해군의 악덕과 악정의 결과가 과연 무엇이었는지도 생각해 보았으며, 덤으로 어떤 자리에 있건 남에게 원한을 사지 말아야 한다는 교훈도 한번 되새겨 보았다.

이래 저래 강화는 나에겐 영원히 잊지 못할 추억의 장소요 공간이란 생각이 들었다. (2002)

빚은 싫어

소크라테스는 사형선고를 받고 태연히 '악법도 법이다'라며 죽음을 감수했고 또 유언으로 옆집 닭 한 마리를 빌렸으니 그것을 갚으라고 했다 한다.

이 거리 저 거리를 소요하면서 제자들을 모아놓고 노상 가르친다고 세월을 허송했던 이 가난한 철학자가 그래도 큰 빚 없이 꼭 닭 한 마리 정도의 빚만 졌으니 아주 깨끗하게 살았다는 생각이 든다. 또 이왕 죽는 마당에 떼먹을 생각도 할법한데 빚 생각을 잊지 않았던 걸 보면 남의 돈을 꿀꺽꿀꺽 잘도 떼먹는 요즘 같은 세상에서는 아주 양심적이란 생각도 든다.

왜 하필 닭이었을까? 돈 빚이나 양이나 소 정도의 빚도 있을 수 있는 일이 아닌가. 생활비조차 제대로 벌어다 주지 못해 화가 난 아내 크산티페로부터 물벼락까지 맞았다는 이 처량한 철학자는 아마도 아내에게서 고기 한 점 제대로 얻어먹지 못해 아내 몰래

2~3명의 제자들과 닭고기 잔치를 벌렸으리라 추측해 본다. 양이나 소라면 호주머니 사정으로 보아서는 언감생심이었으리라.

소크라테스의 이 빚 일화를 생각하면서 나는 과연 이 세상을 떠날 때 무슨 빚을 지고 떠날까를 미리 한번 점쳐 본다. 내 인생에 돌풍이 불지 않고 또 내 인생이 노망 들지 않는 한 결코 빚 있는 인생은 되지 않으리라 예상해 본다.

나는 빚이 싫다. 설사 그것이 어떤 형태의 빚이건 빚이라면 매우 싫다. 돈 빚도 싫어하고 외상 빚도 싫어한다. 현찰주의다. 심지어 신세지는 마음 빚도 싫어한다. 빚이 있다 싶으면 마음이 무겁고 개운 칠 않다.

평생 나는 남이나 은행에서 돈을 빌린 일이 거의 없다. 직장생활을 하다 보니 물론 큰돈을 빌릴 일이야 없었지만 그래도 집을 넓혀 이사를 갈 때라면 빌릴 수는 있는 일이다. 그간 30여 년의 서울생활에서 집을 한 두 번 옮기긴 했지만 내 힘에 맞는 집 아니면 내 여유 돈에 맞는 집만 골랐지 투기 욕심으로 과욕을 부려 빚을 낸 적은 없다. 땅이나 아파트를 재테크 수단으로 삼아 투자한 적도 없다 보니 횡재한 적도 없다. 기껏해야 쓰고 남은 여유 돈으로 아파트 한 채 마련해 둔 것이 나의 전 재산목록이다. 만약 내가 국회의원이나 고위 공직자가 되어 재산공개를 할 판이라면 물론 더 있긴 하다. 그러나 그것은 종손인 내 이름 앞으로 되어 있는 임야요 논과 밭일뿐이다. 골프나 콘도 회원권도 없고 고급 승용차도 없다. 큰 자리 한번 앉아 보라고 예쁘게 봐줄 사람은 물론 없지만 사람 팔자 시간문제라고 행여 누가 아랴 싶어 예행연습 삼아 더 밝혀 본다면 현금이 좀 들어 있는 저축통장은 2~3개 있다.

 빚을 싫어하니 신용카드 사용도 싫어한다. 어떤 사람들은 별의별 신용카드를 지갑이 몸살 앓을 정도로 꽂고 다니지만 나의 지갑은 무척 가볍다. 나에겐 신용카드가 꼭 두 개 있는데 두세 번을 제외하곤 노상 행복한 동면(冬眠)이요, 하면이다. 아니 춘면도 추면도 하고 있다. 여행길에 오를 때가 아니면 일년 삼백육십오일 낮잠을 잔다. 나 같은 사람만 있다면 신용카드 회사는 꼭 굶어 죽기 십상이다. 신용카드 사용도 결국은 외상 빚이라는 생각에서이다.

 그래서 외상으로 물건을 사보거나 외상 술값을 진 적이 없다.

 돈 빚이나 외상 빚을 싫어하는 성미이니 남의 신세지기도 싫어한다. 남을 돕는다는 뜻에서 간접적으로 신세를 진일은 있지만 내가 신세진다 싶은 일은 일부러 피해 왔다. 신세를 진다는 것은 언젠가는 갚아야 할 마음의 빚이기 때문이다.

 지난해에 딸의 결혼식을 올렸다. 개혼이니까 여봐란 듯이 자랑삼아 하객들을 많이 모을 수도 있었으나 일부러 신세를 지는 것을 피하려고 한정된 사람에게만 청첩장을 보냈다. 인친척이나 직장을 제외하곤 평소에 내가 품을 앗아 논 분들 위주였다. 품이 아닌 경우는 평소에 자주 보고 자주 만나는 사람들이었다.

경조사란 역시 품앗이다. 내가 먼저 품앗이의 빚을 졌다면 물론 다음에 나도 갚으면 되겠지만 원래 경조사의 품앗이란 즉석거래나 단기거래가 아니고 장기거래일 수밖에 없으니 일단을 갚아야 할 빚으로 남는 것이 아닌가. 청첩장의 남발을 극히 자제했던 이유가 바로 여기에 있었다. 가능하면 청첩장이 세금고지서(?)란 인상을 주지 않을 분에게만 보낸 셈이다. 사실 별다른 큰 연고도 없이 그저 한 두 번 만난 인연으로 청첩장을 마구 뿌리는 사람들을 간혹 보는데 참으로 배짱도 좋고 빚지기를 식은 죽 먹기 식으로 하는구나 싶었다.

신세지기를 싫어하니 술좌석에서도 마찬가지다. 누가 한잔 샀다면 나도 한잔이다. 즉석에서 갚아야 직성이 풀리니 자연 2차로 연결된다. 물론 좋은 버릇은 아니다. 다음에 갚아도 될 일을 굳이 그날 갚아야 하니 이도 결국은 빚지기나 신세지기를 싫어하는 내 결벽성의 발로요 소치라 생각한다.

내 생활에서 이렇게 돈 빚, 외상 빚, 마음 빚이 없으니 내 마음은 항상 가볍다. 언제 누구에게 무엇을 어떻게 갚아야 할지 고심할 일도 없다.

'외상이라면 소라도 잡아먹는다'라는 말이 있다. 나에겐 소가 아니라 닭이라도 싫다. 지하의 소크라테스가 원래도 위인들 중

렘브란트, 도스토엡스키, 카라일, 다윈 등과 같이 험한 인상의 추남 반열에 드는데 이젠 더 험한 얼굴로 노발대발할지 모르겠다. 나는 그의 입장을 충분히 헤아리고는 있다. 이렇다 할 가르침의 보수가 없었던 시절이 아니었던가. 그에 비하면 교수로서 나의 가르침에는 그에 상응하는 보수가 있으니 구태여 닭 한 마리 빚을 질 일이 없지 않는가. 행복하다.

이런 사정이고 보니 개인이건 회사 건 남의 빚을 물 쓰듯 하는 사람을 보면 밉다. 결국 자업자득의 빚잔치를 하고 마는 것을 나는 종종 보아왔다. 국가도 마찬가지다.

장자 말씀처럼 들릴지 모르지만 적으면 적게 많으면 많게 빚 없이 형편대로 사는 것이 순리다. 가짜인 목걸이를 멋모르고 외상으로 사 평생 빚을 짊어졌던 모파상의 단편 「목걸이」의 여주인공 이야기는 타산지석이다. 깡드시의 그 '깡'을 보면서 빚진 국가의 서러움도 나는 똑똑히 보았다. (2000)

어느 최저 알뜰 남편의 辯

　자기의 사업에서건 직장에서건 열심히 그리고 성실히 노력해야 된다는 말은 너무나도 강조되어 왔다. 반면에 일과 후, 혹은 남아도는 시간을 어떻게 선용해야 되는가 하는 문제는 그저 흘려듣고 넘길 우려가 많다.
　그러나 한편 생각해 보면 이것이 오히려 더 중요한 문제가 아닌가 싶기도 하다. 연전에 신문 지상에서 읽은 기억이지만, 착실한 어느 은행원이 어쩌다 노름판에 어울려 자기 돈은 말할 것도 없고 나중엔 공금까지 축을 냈다가 들통이 나 망신을 당한 사건을 보면서 더욱 그런 생각을 갖게 해 준다.
　착실한 여덟 시간의 노동의 대가가, 아니 착실히 몇 년을 쌓아 올린 생활 기반이 불과 한두 시간 아니면 2~3일 만에 결단난 예를 듣고 보고 할 때, 정말 우리로선 여가 선용의 길이 우리 인생 경영에 있어 얼마나 중요한가를 재삼 반추하지 않을 수 없다.

흔히들 속설로 남자들에게 있어 가장 큰 3대 유혹은 주색잡기, 즉 술·여자·도박이라 일컬어지고 있다. 사실 사내로서 이것을 너무 멀리하면 생활이 너무 삭막하고, 꽁생원이라는 별명을 얻게 될 우려도 없지 않다. 또 한편 너무 이런 것의 짜릿한 쾌감에 도취하다 보면 인생을 그르치는 경우도 없지 않고 보니 정말 가까이 하기엔 무섭고 그렇다고 멀리 하기엔 그 마력의 향수가 너무 커, 사내의 체면을 조롱하는 느낌도 없지 않다.

물론 우리가 여가 선용을 위해 골프를 친다. 테니스를 한다. 또 등산이나 낚시, 기타 여러 형태의 취미 활동도 있을 수 있겠으나, 역시 남자에겐 그가 청교도적인 인생관을 갖지 않는 이상, 그저 시정인(市井人)으로서는 지속적이고 짜릿한 흥미를 돋구어 주는 것이 술·여자·도박이 아닐 수 없으며, 그야말로 필요악적인 존재다.

솔직히 나의 경우로 보면 이 세 가지 중 어느 하나에 프로의 실력을 발휘해 본 적은 없지만, 한때 제법 아마추어로서 열을 올리고 다닌 적도 있다. 한때는 포커다 화투다 하여 월급봉투를 고스란히 날린 기억도 있으며 또 한때는 철없이 바람난 아가씨처럼 멋모르고 빠찡꼬판에 어울려 상당한 돈을 날리기도 했다.

그러나 생각한 바 있어 손을 씻었다. 대장부로서 나의 결단이나 의지력을 시험해 보고자 한 나의 최초의 악에서의 엑소더스(탈

출)는 성공이었다. 정말 소득 없고 부질없는 짓이었다. 설사 돈을 땄다 하더라도 그 돈이 남아날 리 만무했다. 잃었다고 한 잔, 땄다고 한 잔, 이래저래 죄 없는 생돈만 죽어나기 마련인 것이 노름판의 생리요 습속이다.

그러나 적어도 내가 터득한 주도(酒道)의 풍류에서 볼 때, 술의 경우는 사정이 다르다. 술판의 생리는 그래도 '기브 앤드 테이크'의 정신이 작용하고 있다 고나 할까. 오늘은 내가 사면 다음 기회는 또 친구가 살 수 있으니, 그렇게 밑지는 일은 아니다. 그리고 술좌석에 어울려 한담이나 재담에 도취하다 보면 엉뚱한 악의 음모를 공작할 틈이 용서되지 않으니, 나를 붙들어 매두는 좋은 속박의 의미도 없지 않다.

그렇다고 나는 애주가는 아니다. 집에선 술이 있다 하더라도 좀체 입에 대지 않는 성미다. 그러나 밖에선 마음 맞고 대화가 통할 수 있는 상대가 있으면, 그저 고양된 분위기가 좋아 기분파 술꾼으로 둔갑한다.

이런 나에겐 두 가지의 술좌석의 형태가 있다. 하나는 순수히 뜻 맞는 남자들끼리의 자리인데, 그렇다고 우리들은 여자들과 시시덕거리는 일에 관심을 두는 것이 아니라 주로 식도락을 겸하고 있다. 서울 장안의 어느 집이 무슨 안주 무슨 술로 유명하다 하면, 그 정보가 서로 입수되는 대로 원정을 간다.

그리고 다른 하나는 남자들만의 모임에 진력이 날 때, 아내에겐 다소 죄의식을 느끼지만 좀 비밀스럽게 아니면 가벼운 데이트 기분으로 여자들과 맥주나 양주를 가볍게 들며 서로 대화만 주고받는 식이다.

어쩌면 서로가 서로를 위한 자선사업식 좋은 시간 보내기 운동이라고나 할까. 서로 좀 어려워하던 사이라도 술기운이 서로의 대화를 격이 없이 해주고, 또 서로를 노출시킴으로써 솔직해지고 어느 정도 가면을 벗게 되니 적나라한 서로의 모습을 볼 수도 있어 서로가 격식을 떠나 유쾌해지는 시간이 되고 있다.

한때 '차(茶)와 동정(同精)'이라는 영화가 우리나라에서도 상영된 적이 있었다. 미국에선 이 영화의 제목이 남녀 관계의 어느 일면을 시사해 주는 유행어로 널리 쓰인 적도 있었다. 이 말은 남녀 관계가 그렇게 뜨겁지도 않고 깊지도 않은 채 그저 만나면 반가워할 정도의 사이에서 서로 부담 없이 차나 한잔 놓고 서로를 위로하고 위안하는 가벼운 정도의 남녀 관계를 일컫는 유행어로 쓰이기도 했다.

그러나 나의 경우는 '차와 동정'의 분위기보다 '맥주와 동정' 아니면 '양주와 동정'의 분위기를 더 사랑한다. 살벌하지 않아서 좋고 또 야박스럽지 않을 정도로 테이블이 다소 풍성한 느낌을 주어서 좋다.

이런 기회를 간혹 갖다 보면 나는 때론 팔자에도 없는 신부복 입지 않은 고해성사(告解聖事)의 신부 역까지 맡는 경우도 없지 않다. 아무튼 선의의 충고자가 되었건 아니면 남의 비밀을 엿듣는 악당의 입장이 되었건 그저 즐겁고 흥미롭고 유쾌하다.

이런 형태 속에서의 여인과의 만남에선 적어도 나에겐 두 가지의 심리 파장이 있다. 여기에는 남성 대 여성으로서 느껴지는 순수한 본능적 호기심이 반쯤 작용하고 있다면, 반쯤은 이런 것을 떠난 순수한 인간적 만남의 의미도 있다.

이러다 보면 나로서도 퍽 생산적인 만남의 뜻도 있다. 여성에 대한 관심이 분산되어 어떤 한 여인에 깊이 빠지지 않아서 좋고, 또 여성 편력을 하고 파 하는 남성 본능의 무의식적 집념에서 나 자신을 해방시켜 주어서 좋다.

사실 남자들 중에서는 한 여인에 빠져 이래저래 많은 재산을 탕진하는 경우도 있고, 아니면 뜻밖의 정사(情事)가 의외의 파문을 일으켜 평온한 가정까지 들뜨게 하는 경우도 없지 않다는 점을 상기할 때, 억압된 감정이나 관심을 적절히 자기 신분이나 위치 및 취향 나름으로 소화시키는 일도 퍽 중요한 일이 아닐까 한다.

어쨌든 가만히 생각해 보면 적어도 술·여자·도박의 문제에 있어서 나는 최고 알뜰 남편감은 못 되는 것 같다. 그러나 최저 알뜰 남편의 길은 벗어나지 않으려고 은연중 노력하고 있고, 그 강렬한 유혹의 함정을 모험적으로 잘 피해 온 것 같기도 하다.

아내는 나의 이런 불량스런 취미를 십분 이해하고 나의 쥐꼬리만 한 이성에 안심을 도박하고 있긴 하지만, 내가 간혹 밤늦게 귀가하는 경우엔 가벼운 항의를 받는다. 그러나 내가 큰 양심의 가책을 느끼지 않을 경우라면 나의 자가 변호는 있다. 어쩌면 이것은 내 나름의 아내를 안심시키는 최면술이기도 하며, 또 약간 공갈 협박의 의미도 깔려 있다.

한마디로 나의 술 행각은 도박에 비하면 생산적인 낭비라는 것이다. 친구를 사귈 수 있다는 것, 술이건 안주건 내 뱃속에 들어갔다는 것, 또 설사 내가 술값을 부담했다 하더라도 꾸어준 몫의 의미도 있다는 것, 또 여인들과 술을 마신 경우는 큰 바람을 미연에 방지할 수 있는 좋은 예방책이라는 것, 이것이 나의 유일한 변(辯)이다.

이 가증스런 변을 한참 늘어놓다 보면 스스로 '입은 참 편리도 하다'는 생각에 실소(失笑)를 금할 길이 없을 때가 한두 번이 아니다. (1971)

가족의 소중함을 생각해 보며

'가정의 달'을 기해 가족의 소중함을 다시 한번 생각해 보았다.

사람들은 대개 가족이 옆에 있고 가정이 있다 보면 그 소중함이나 중요성을 잊기 쉽다. 마치 공짜와 다름없는 물과 공기의 가치성을 잊어버리고 사는 경우와 비슷하다고나 할까. 그러나 물이 없고 공기가 없다고 상상해보자. 가족과 가정은 인간생활의 안전판이요, 보호망이다. 만약 어느 누가 결손가정에서 자라거나 아니면 가정이 없다고 가정해보자. 그 얼마나 가정이 그립고 남들처럼 당연히 있어야 할 아버지나 어머니가 없다면 또 얼마나 그립겠는가.

여기서 공자의 경우를 한번 생각해 보자. 어머니 안씨는 70세가 넘은 아버지 공숙양흘과 15살 처녀 나이로 극히 비정상적인 관계의 결혼을 했고 또 3살 때 아버지를 잃고 말았다. 18세에 과부가 된 어머니를 공자가 24살 때 여의었던 것은 그나마 다행이었다. 그리고 보면 공자는 성장과정에서 어머니 사랑은 받았겠지만 아버지 사랑만은 받지 못한 처지였다. 아버지의 얼굴을 기억도 못할 나이에 돌아가셨으니 얼마나 아버지를 그리워했겠는가. 다른 아이들은 아버지, 아버지라고 부르며 아버지를 따르고 아버지의 귀여움을 받는데 아버지가 없었으니 한이 맺혔을 것이다.

그래서 어떤 연구가는 공자가 후년에 유교의 가르침에서 부권사상을 그렇게 강조한 것도 결국은 알고 보면 그가 받지 못했던 아버지의 사랑이 그립고 또 한이 맺혔기 때문이라 해석하기도 했다.

또 하나의 예가 있다. 세계인의 애창곡으로 널리 불려지고 있는 'Home, Sweet Home', 우리말로 '즐거운 나의 집'으로 알려진 노래에 얽힌 이야기이다. 이 곡은 영국의 유명한 작곡가 헨리 비숍이 1823년에 작곡을 했는데 후에 미국의 극작가이며 기자, 문인으로 활동했던 존 하워드 페인이 노랫말을 붙인 내력이 있다.

　　즐거운 곳에서는 날 오라 하여도
　　내 쉴 곳은 작은 집, 내 집 뿐이리
　　내 나라, 내 기쁨, 길이 쉴 곳도
　　꽃 피고 새 우는 집, 내 집 뿐이리

사실 이런 내용의 가사를 붙인 작사가 페인은 가정을 한 번도 가져본 적 없는 사람이다. 그래서 생전에 한 번도 누려보지 못한 가족사랑이나 가정에 대한 원망(願望)의 꿈을 이 노래에 담아 대리만족이나 대리충족의 꿈을 꾸어 보았던 것이다. 그의 처지가 충분히 이해가 되고 남음이 있어 동정이 간다고나 할까. 뿐만 아니라 이 노래에는 또 다른 에피소드가 하나가 더 있다. 미국의 남북전쟁 당시 가장 치열했던 전투 중의 하나인 버지니아의 레파하녹크 리버 전투에서 있었던 일이다. 이 전투에서 양쪽 진영은 강 하나를 사이에 두고 대치하고 있었다. 낮에는 전투를 하고 밤이 되면 군인들의 사기를 북돋우기 위해 양쪽의 군악대는 매일 밤 음악회를 열었는데 어느 날 밤, 이변이 일어난 것이다. 북군의 군악대가 '즐거운 나의 집'을 연주하기 시작하자 울컥 가족이나 고향 생각이 난 군인들이 텐트 밖으로 뛰어나와 노래를 따라 부르기 시작했다. 강 건너편에 있던 남부군 진영에도 울려 퍼졌다. 남부군 군악대도 덩달아서 이 음악을 연주하자 남부군도 다 함께 합창했다. 그리고 그들은 상대방이 적이라는 것도 잊어버리고 강으로 뛰어나와서 서로 얼싸안고 모자를 던져 올리며 환호했다는 에피소드가 전해지고 있다.

말하자면 이런 예화는 동서고금을 막론하고 가족이나 가정이 얼마나 소중하며 또 그리움의 대상이 되는지를 새삼 확인할 수 있는 경우라 하겠다.

가족이란 성(性)과 혈연의 공동체요, 주거의 공동체며, 가계(家計)의 공동체요, 애정의 공동체가 아닌가.

그런데 요즘 우리의 가정이 흔들리고 있다는 소리가 높아지고 있다. 하우스(House)는 있되, 홈(Home)은 없어져가고 있다는 우려의 소리도 들려오고 있다.

뭐니 뭐니 해도 애정의 결합에서 금이 가고 있다는 증거이다. 이혼율이 높아만 가고 있는 부부관계도 그렇고, 또 부모와 자식 관계나 형제간에 그렇다는 이야기다. 이는 핵가족화, 개인주의나 이기주의의 팽배, 물질주의와 편의주의의 만연에 따른 현상임은 두말할 여지가 없다.

가족의 소중함이란 누구나 개개인이 건강하고, 도모하는 일들이 잘 되어 갈 때는 절실하지 않을 수도 있다. 그러나 불행한 일을 당하거나 아플 때에는 가족 이외에는 그 누구도 없다. 가령 영화나 연극 속에서 자주 보아왔듯이 어떤 가장(家長)이 버려두었던 가족이나 가정을 늙고 병들어서 찾아오는 최후의 보루가 바로 가족이요, 가정이 아니었던가. 본능적 사랑으로 무조건적으로 보호해주고, 감싸주며, 이해해주는 사회의 기본 구성체가 다름 아닌 가족이요, 가정이다. 타인과의 관계란 일시적 거래나 이해관계에서 끝나기 마련이다. 아무리 친구가 좋고, 아무리 남이 좋다한들 가족만은 하겠는가.

　그렇다면 평소 가족관리나 가정관리를 잘해두어야 할 일이다.

　바쁜 현대 생활이 되었건, 또 맞벌이 생활이 되었건 의식적으로 가족모임이나 가족회의도 갖고 볼 일이다. 또 상대의 처지나 입장을 보다 더 이해하고 민주적 가정으로 이끌기 위해서는 서로의 처지나 입장을 바꾸어 생각해 본다는 이른바 역지사지(易地思之)의 미덕도 발휘해 보아야 하리라 본다. 또 지나친 욕심이나 기대가 가족간의 불화를 자초할 때가 많다는 점도 타산지석으로 삼고도 볼 일이다.

　내 가정의 경우를 잠시 말해보면, 적어도 이런 점만은 철저히 지키고 이행해 보려고 노력해왔고 지금도 하고 있다. 한 때는 할머니와 어머니를 모시고 4대가 한 집에서 생활한 적도 있었으며, 지금은 2대가 살고 있다. 그나마 오순도순 화평스럽게 살아왔고 살고 있다. 15년 전 할머니가 살아계실 때엔 고모님들이 찾아오면 한바탕 농담의 즐거움도 있었다. 할머니를 대왕대비마마로, 어머니를 왕대비마마로 불렀으니 나는 일시에 상감(?)이 되고 아내는 중전이 되었던 즐거웠던 기억이 새롭다.

　어머니는 청상이다 싶은 나이에 할머니와 함께 삼촌들과 우리 4남매를 키우고 공부시켰다. 그런 지난 시절을 문득문득 역지사지로 떠올려 보며 나와 나의 아내는 잘해드려야겠다고 노력도 해

보았다.

　그러면서 나는 늘 '가화만사성(家和萬事成)'이란 옛말을 되새김해 보았다. (2003)

'망구순'의 감회 그리고 내년의 일

금년이 나에겐 이른바 '망구순'의 해다. 만 80십 나이는 90을 바라보고 사는 나이라 해서 부쳐진 말이다. '8순'이 현재완료형의 용어라면, '망구순'은 미래진행형이라 희망적이다. 주변의 문단 후배들이 80을 미처 다 못채우고 저 세상으로 떠나는 소식을 들을 때면 '이게 바로 남의 일이 아니구나' 싶다는 생각이 순간 들면서도 그나마 나는 아직은 그런대로 건강하구나 싶어 하나님과 조상님께 감사하다고 생각해 보곤 한다.

그렇기 때문에 나는 16년도와 17년도에 매년 2권의 책을 엮어내도 보았다. 후배들의 표현에 의하면 '쌍풍년'이 들었다고나 할까. 내 개인의 문학인생에서 그렇게 흔치 않은 일이라 한편으로는 자족감 비슷한 느낌을 가져도 보았다.

그러니 금년은 특히 '망구순'이니 그냥 넘어갈 수 없는 일이 아니지 않겠는가. 기념될 만한 책을 한권 내보아야겠다고 생각해 보았다. 평론집이나 수필집 그리고 기타 저서는 필요시 그때그때 내보았고 볼 수도 있는 일이지만 이와는 좀 성격이 다른 책을 구상해 보았다. 그래서 나온 책이 '대담으로 본 청다의 반세기 문학 인생'이다. '평론가 겸 수필가 이유식의 삶과 문학 이야기'란 부제가 달려 있다. 전체 3부로 되어 있다.

먼저 그동안 여러 문학지와의 대담 11편을 모아보았다. 1권의 책으로는 분량이 모자라 적어도 내 입장에서 칭찬을 들었던 11편의 수필선을 골라 넣었고, 마지막으로 56년간의 문필활동과 문단활동 그리고 기타 자료를 한자리에 모아보았다.

매우 뜻있는 출간이 아닐 수 없다. 2004년도 나의 문단등단 43주년 및 정년 퇴임 문집인 '반세기 한국문학의 도정'(이유식의 문학과 인간)의 후속편의 성격도 있으니 명실상부 '망구순'의 기념이 되고 있다.

인생은 살아가면서 그때그때 필요시 자기 정리를 해둘 필요가 있는 것 같다. 가령 10주년이나 50주년을 따져 본다거나 또 발표된 작품을 모아 책을 내거나 아니면 선집이나 전집을 내는 일도 결국은 이런 자기 정리의 일환이 아니겠는가.

자, 그럼 금년의 회고는 이 정도에서 끝내고 내년을 한번 생각해 본다. 역시 책을 엮어 볼 생각이다. 평론집과 수필집을 가편집해 두었는데 어느 쪽이 앞이 될런지는 모르겠지만 내년 그리고 저 내년에 각각 한 권씩 내볼 생각이다. 수년 전부터 매년 책을 안아 보는 데 재미를 느끼고 있으니 해마다 한 권씩을 생각한다. 그런 것이 곧 노익장 문사의 사는 재미요 보람이며, 생명 연장의 희망도 되는 것 같다고 아전인수 해석도 해보고 있다.

우리 '문학예술' 가족 여러분 서로 힘을 냅시다. 즐거운 연말과 희망찬 새해 맞기를 기원합니다. (2018)

문학인들이여, 자긍심을 찾아보자

　지금은 지난시절에 비해 문인들의 자존심이 많이 훼손당하고 있는 시대다. 자긍심도 많이 퇴색되고 있다.
　그 몇 가지 이유야 물론 있겠지만 뭐니뭐니해도 문인들이 많이 양산되고 있다 보니, 희소가치가 없어졌다는 것이 첫째 이유다. 너도나도 시인이요, 수필가이다보니, 귀한대접을 받지 못하고 있는 실정이다.
　문단 인구가 무려 만여 명이 훨씬 넘는다니, 다이아몬드도 강바닥에 지천으로 깔려있다면 귀한 취급을 받을 수 없듯이, 우리 문인들도 마찬가지다. 문단도 이제는 전문 프로의 시대는 가고, 마치 '동아 마라톤 대회' 마냥 아마추어리즘의 시대가 되었다 함이 옳을 듯 싶다.
　그다음 컴퓨터의 출현과 영상 시대의 영향으로 문학이 위축되고 있는 것도 큰 이유이다. 책을 내려해도 독자들이 없어 사업성이 없다고 선뜻 받아주는 데가 없다. 극히 예외적인 문인들을 제외하고는 거의 자비 출판이다.

어디 이런 것뿐이랴, 혹시 어느 문학지에 글이라도 실리게 되면 고료야 아예 기대할 수조차 없고, 책이라도 몇 권 사주어야 체면이 설 때도 있다. 이 모두가 울며 겨자 먹기식이라 자존심이 상한다고 아니 말할 수는 없을 것이다.

그렇다고 한탄만 하거나 글을 포기할 수도 없는 일이다. 이런 속상하는 사정을 어느 누가 뜯어고치고 어느 누가 해결해줄 수 있단 말인가.

현재의 조건에서 '찬란한 슬픔' 같은 자위에서 자긍심을 찾으며 글이나마 열심히 쓰는 도리밖에는 다른 길이 없지 않겠는가.

우선 아무리 불효자라도 아들딸이 있는 것이 무자식보다야 낫다는 말이 있듯, 글을 안 쓰는 것보다야 쓰는 것이 좋다는 생각을 하고 볼 일이다.

자식을 낳고 기르는 것이 꼭 무슨 영광을 보자는 것이 아니듯이, 글을 쓴다는 것은 곧 정신적 자식 만들기와 같구나, 라고 생각하면 나름대로의 자긍심도 생겨나리라 본다.

그리고 글 쓰는 행위를 비유적으로, 정신적 밭 갈기나 정신적 골프치기라는 생각도 해볼 필요가 있다. 농부도 많고 골퍼들도 많지만, 이른바 정신적 농부나 정신적 골퍼들은 그렇게 많은 편이 아니지 않겠는가.

여기서 마침 골프라는 말이 나온 김에 나에게 있었던 일을 하나 소개해볼까 한다.

나는 골프를 치지 않는다. 골프가 대중화되어서 그런지 동창회 같은 델 나가보면 자주 골프 이야기가 나온다.

친구들이 골프 이야기를 가지고 맛있는 특제 안주감으로 삼으며 이야기꽃을 피울 때, 나는 마냥 꿀 먹은 벙어리가 되어 애꿎은 술잔만 괴롭힌다.

그럴 때, 문득 자기들만의 이야기에 열중했다 싶으면 미안해서 그런지 지나가는 말로 의례적인 선심성 질문을 던지기도 한다.

'이 교수, 자네 골프 치나?'

'암, 치고말고, 2백 홀을 치지.'

'2백 홀? 그게 무슨 말이지?'

나의 대답은 그들을 좀 골려주자는 생각에서 농으로 던져 본 말이다. 그들에게 구태여 기까지 죽을 필요가 없다는 저의가 그 농 속에 깔려있다.

첫째, 2백 홀이란 말에 친구들은 당황할 수밖에 없었으리라. 도대체 몇 바퀴를 돈단 말인가. 18홀 코스 아니면 36홀 코스라도 도저히 계산이 되지 않는 홀의 숫자다. 그것은 한마디로 내가 글을 쓴다는 것을, 골프에 비유해서 해 본 말이다. 컴맹 세대로서 2

백자 원고지에 한 자 한 자 메꾸어나가는 것이 바로 2백 홀을 쳐 넣는 정신적 골프 치기가 아니겠느냐고 주석을 달아주면, 그때에야 비로소 재미있다는 듯 고개를 끄덕이며 한바탕 웃음꽃을 피운다.

사실, 우리 문인들의 입장으로 보아 직장 생활을 하며 글에라도 매달리다 보면 골프를 칠 여유와 시간이 없으리라 본다. 남들이 자는 시간, 남들이 노는 시간에 우리는 글을 써야 할 팔자가 아닌가.

그렇다면 과연 어느 쪽의 골프 치기가 값있는 일인가 생각해볼 필요가 있다. 사람들이 툭 트인 야외 골프장에서 푸른 하늘, 푸른 잔디밭의 그린 필드(Green Field)에서 한 홀 한 홀 공을 넣어간다면, 우리는 책상 위의 원고지란 화이트 필드(White Field)에다 한 자 한 자 글을 메꾸어가는 것이 더 보람찬 일이라고 자위할 수 있으리라 본다.

자위는 또 이것만이 아니다. 혹시 문인 아닌 다른 사람들이 듣는다면 코웃음을 칠지 모르지만, 우리는 살아있으나 죽으나 시인이요, 수필가요, 소설가며 평론가다. 아무리 높은 지위나 직위에 있다 할지라도 물러나면 '前'이다.

富나 직위, 권세란 당대의 일시적 사유 재산에 지나지 않는다. 지나고 보면 '반짝 출세'요 '반짝 광영'이니, 모두 문자 그대로 '화무10일홍'이다. 그러나 예술이나 기타 정신문화는 공유 재산이요, 공유 유산이 되기 때문에 영구성이 있는 만큼, 보다 좋은 작품을 써보려는 노력을 아끼지 말아야 하리라 본다.

그리고 다음은 정말 거창한(?) 이야기를 한 번 늘어놓을까 한다. 조선 왕조 5백 년 동안을 한번 생각해보자. 영의정·좌의정·우의정, 이른바 三相의 자리에 오른 사람은 3백 66명이다. 평균 한 자리에 1백 22명이 거쳐간 셈이다. 27명의 군왕이 재임하는 동안 영상의 재임 기간을 평균잡아 5년으로 보면 1백여 명이, 10년으로 보면 50여 명이 그 자리에 올랐다고 상정해 볼 수도 있다.

그런데 일반 지식인의 입장에서도 막상 생각나는 사람은 불과 10여 명 안팎이다. 태조 조에 영상급의 지위에 오른 정도전을 비롯하여, 정인지, 신숙주, 황희, 최명길, 유성룡, 이항복이 쉽게 떠오르고, 그다음 다시 곰곰이 생가해보면 황보인, 한명회, 박원종, 윤원형 정도가 떠오른다.

그러나 다음의 문인들은 누구나 기억하고 있다. 정1품 좌의정의 송강 정철, 정3품 동부승지의 고산 윤선도, 종4품 수군 만호의 노계 박인로, 정2품 좌참찬의 교산 허균, 정2품 대제학의 서포 김만중, 종3품 부사의 연암 박지원 등을 들 수 있다.

이들 모두는 관직 때문이 아니라 그들이 남길 글(문학)로 말미

암아 후세에 길이 남아있다. 영의정을 지낸 사람은 한 사람도 없다. 그나마 송강 정철만이 정1품 좌의정을 지냈을 뿐이다.

그렇다면 1백여 명, 아니 50여 명의 조선조 영의정 중에서 불과 10여 명 안팎을 기억하고 있는데, 그보다도 낮은 관직의 모두를, 우리가 지금 기억하고 있는 것은 다름이 아니라 그들이 남긴 글이 아니고 그 무엇이겠는가. 누가 자기도취의 환상적 꿈을 깨라고 윽박지를지는 모르겠지만 우리 모두 희망을 갖고 볼 일이다.

비록 문학이 힘을 잃어가고 있고, 또 문학 환경이 척박하여 자존심과 자긍심의 훼손이 있다 하더라도 힘과 용기를 가져볼 만하지 않겠는가.

설령 위대한 작품을 남긴다는 것이 언감 생심이라면 작은일에서나마 긍지를 찾고 위안을 찾을 수도 있을 것이다. 보다 좋은 작품을 남겨보자는 욕심만은 갖고 볼 일이다.

명예로운 미래는 늘 준비해두는 자에게 있다는 말을 좌우명으로 삼고, 우리 문인 모두가 자중자애 정신으로 살아갔으면 한다.

(2005)

셋째마당

소소한 행복을 찾아

한국문인협회 문학심포지움 참가 기념사진 (1990)

200홀의 나의 골프장

골프의 기원에 관해서는 정설이 없다. 일설에 의하면 양치는 목동이 한가할 때에, 양을 모는 데 사용하는 굽은 막대기로 나무 조각이나 잔돌을 치며 놀던 데에서 유래되었다고들 한다.

그러나 근대 골프는 14세기 후반에 네덜란드에서 발생하여 그것이 영국으로 건너가 발전하였다는 것이 정설이 되고 있다. 이것이 다시 미국으로 전파되기는 18세기 경이며 그 후 오늘날에 이르고 있다.

우리나라에 골프가 들어온 것은 3.1 운동의 해인 1919년이다. 미국인 H.E.덴트가 효창공원에 9홀의 약식 골프장을 시설한 데에서 비롯되었다. 그리고 70년대에만 해도 골프는 사냥이나 승마와 더불어 고급 놀이로서 특수층의 운동이었다. 그러던 것이 80년대부터는 골프 인구가 저변 확대되어 이제는 놀랄만한 수로 불어났다. 불과 7~8년 사이에 전국에 수십개의 신규 골프장이 우후죽순처럼 생겨난 것만 보아도 가히 짐작이 갈 법하다.

이런 추세인지라 웬만한 좌석에라도 끼이고 보면 골프 이야기가 거의 화제의 단골 메뉴가 되어 있다. 50대에 접어든 나의 동창들의 모임에 가 보아도 역시 마찬가지다. 안부 이야기, 사업 이야기를 하다 화제가 진하면 골프 이야기로 비약되기 일쑤다. '핸디'가 얼마가 된다느니 또 '홀인원(Hole in One)을 한번 쳐봤으면 죽어도 한이 없겠다는 등의 말을 자주 듣는다.

골프가 보편화되어 있는 이 '보통 사람'들의 시대에 비록 공자 앞에 문자 쓰는 격이긴 하지만, 나처럼 골프와는 거리가 먼 독자들을 위해 들은 풍월이나마 읊조릴까 하니 나의 조그만 친절을 용서해 주길 바란다.

'핸디'는 핸디캡(Handicap) 의 약어인데 바둑으로 보면 급수에 해당된다. 17급의 바둑이 16급에 비해 잘 못 두듯이 핸디 17은 16에 비해 잘 못 치는 사람이다. 바꾸어 말해 아마추어의 세계에서는 핸디가 적으면 적을수록 잘 친다고 보면 된다.

'홀인원'은 글 뜻 그대로 공을 한 번 때려 홀에 넣는다는 뜻인데 이것이 가능할 수 있는 홀은 홀과 홀의 거리가 짧은 이른바 숏 홀(Short Hole)에서만 가능한 일이다. 마치 주택 복권을 사서 일등에 당첨되는 행운을 잡듯이 골퍼들에게는 일생일대의 행운의 스트로우크(Stroke)다. 그러니 그 얘기라면 아마추어 골퍼들에게는 입에 침이 마르지 않을 수 없는 미끼다.

그런데 내가 여기서 이 정도의 상식이라도 늘어놓을 수 있는 것은 한때 시내에 있는 인도어(Indoor)에 가서 연습을 좀 해본 경험과 친구 따라 이른바 그린 코스(Green Course)에 두어 번 따라가본 경험이 있기 때문이다. 이런 나이고 보니 친구들이 골프 이야기를 맛있는 특제 안주감으로 삼을 때 나는 마냥 꿀 먹은 벙어리가 되어 애꿎은 술잔만 괴롭힌다. 그러다가 문득 자기들만이 골프 이야기에 열중했다 싶으면 미안해서 그런지 또 가여워서 그런지 의례적인 선심 질문을 던지기도 한다.

"자네 골프를 치나?

"암 치고 말고. 200홀을 치지."

"200홀이라니 그게 무슨 말인가?"

나의 대답은 배알이 꼴려 그야말로 그들을 좀 골려 주자는 뒤틀린 심보에서 나온 말이다. 그들에게 구태여 기까지 죽을 필요는 없지 않은가. 꿀 먹은 벙어리처럼 앉아 있는 나의 처지를 동정해서 "자넨 골프 안 치는가?"라고 묻지 않은 갸륵한 그 우정을 생각할 때 나의 대답은 적반하장 격이라 미안한 생각이 들지 않는 것은 아니지만, 친구지간이니까 좌중에 농담이라도 던져 나도 그 화제에 끼고 싶은 마음에서였다 고나 할까.

'핸디'건 '손디'(?)건 그 어느 것도 없는 나로서 200홀을 친다고 했으니 친구들은 첫째 200홀이란 말에 당황할 수밖에 없었으리라. 도대체 몇 바퀴를 돈단 말인가. 18홀의 표준 골프 코스로 본다면 무려 11바퀴를 돈다는 말이 아닌가. 그것은 내가 글을 쓴다는 것을 골프에 비유해서 해본 말일뿐이다. 200자 원고지에 한 자 한자 메꾸어 나가는 것이 바로 200홀을 쳐 넣는 정신적 골프 치기가 아니겠느냐고 주석을 달아 주면, 그때야 비로소 고개를 끄덕이며 한바탕 웃음꽃을 피운다. 그리고는 브라보다.

 솔직히 말해서 나는 골프를 칠 여유와 시간이 없다. 그리고 골프가 운동 겸 고급 사교의 중매쟁이라고들 하는데 내가 사업이라도 하는 사람이라면 몰라도 가르치고 글 쓰는 사람으로서 그것은 너무 사치하다. 어마어마한 입회비에다 그때그때 필요한 비용을 생각하면 좀처럼 엄두를 낼 수 없다.

 그러나 더 중요한 것은 농담삼아 한 말이긴 하지만 내 나름의 200홀을 쳐야 하기 때문이다. 행여 잡문이라도 청탁받으면 학교를 왔다 갔다 하면서 구상하느라 일주일이 다 간다. 200홀의 출전 D데이는 역시 토·일요일뿐이다. 그렇다면 스스로 자위할 도리밖에 무슨 별수가 있겠는가.

 친구들이 툭 트인 야외의 골프장에서 푸른 하늘, 푸른 잔디밭의 그린 필드(Green Field)에서 한홀 한홀 공을 넣어 간다면, 나는 책상 위의 화이트 필드(White Field)(원고지)에다 한자 한자 글을 메꾸어 가는 것이 나의 팔자소관이라 할 것이다.

오늘도 200홀의 '홀인원'의 행운이나 꿈꾸면서 원고지에 매달려 본다. 어디서 한 줄기 시원한 바람이 불어온다. 그것은 그린 필드에서 불어오는 바람이 아니라 내 정신의 숲에서 불어오는 솔바람인가 보다. (1989)

시장 골목길의 교수

나의 직장에서 지하철까지는 걸어서 약 15분 정도 걸린다. 그리고 두 코스가 있다. 하나는 큰길을 따라가는 코스이고, 다른 하나는 골목길로 접어들어 시장을 통과하는 코스다. 출근길에는 교수의 체면에 걸맞도록 일부러 군자대로지행(君子大路之行)을 고수한다. 그러나 퇴근길에는 간혹 시장길로 발길을 돌려 군자소로지행(君子小路之行)의 모험을 감행한다.

그 시장은 '금촌시장'이라 불리는데 주변의 적선동, 필운동, 사직동의 주부들이 아침저녁으로 이용하는 작은 규모의 시장으로서, 약 10미터 폭의 좁은 골목길을 따라 형성되어 있다.

그런데 이 길을 이용하는 날엔 간혹 제자들을 만나기도 하는데, 학생들은 신기한 듯 "교수님이 어쩐 일이세요?"라고 질문을 한다. 아마 학생들은 나와 같은 남자 교수에게는 여자 교수와는 달리 시장길을 출입금지 구역쯤으로 여기고 있는 것 같다. 그럴 때

나는 서슴없이 견습을 나왔노라고 하면서 한바탕 웃는다.

아마 학생들이 만약 나를 번화한 고급 상가나 백화점 정도에서 만났다면 별반 이상히 여기지 않았으리라 보는데, 생선 냄새 푸성귀 냄새가 코를 자극하는 시장 바닥에 점잖은(?) 신사복의 안경씨가 침입했으니 의당 무슨일일까 싶은 궁금증이 생길 법도 하다.

내가 시장길을 이용하는 데는 나름의 이유가 있다. 책 속의 인생에만 의존하다 보면 자칫 핏기 없는 인생만을 경험하는 꼴이 아닌가 싶어 견습하는 의미가 있다. 그리고 그러한 삶의 현장에서 글의 소재거리도 마련할 수 있는 횡재수를 얻을 수도 있겠지 하는 바람도 없지 않다.

또 한 가지 중요한 것은 내 식욕을 돋울 만한 찬거리가 있는지 없는지를 둘러보기 위한 현장 답사도 겸한다. 물론 집에서 철마다 계절에 따라 미각을 살리기 위해 신경도 쓰고 또 그때그때 다양한 식단을 짜기도 한다. 그러나 그 많은 찬거리, 그 많은 요리 종류 중에서 내가 과연 무엇을 먹고 싶어 하는지를 이른바 족집게 점쟁이처럼 정확히 알기란 어려운 노릇이 아닌가.

간혹 이럴 경우를 예상하여 아내는 무슨 반찬을 준비하면 좋겠느냐고 세심한 배려를 하는 경우도 있다. 그러나 너무 막연하여 그 대답을 찾기란 '낙동강 오리알 줍는' 격이기 일쑤다. 적당히 알아서 준비해 보라는 궁색한 말로써 끝낼 도리밖에 없다. 반찬 목록이라도 준비되어 있다면 쉽게 요청을 할 수도 있을 텐데, 그런 것도 없는데 머리에서 대뜸 기억해 내기란 곤혹스런 일이 아닐 수 없다.

　나는 음식이나 반찬에 그렇게 까다로운 편이 아니다. 담백하거나 얼큰하거나 시큼하거나 제대로의 맛만 갖추면 된다. 그리고 이런 맛을 충족시킬 수 있는 반찬 한 가지라도 있으면 그만이다.

　누구에게나 식욕이 있을 때도 있을 것이고 없을 때도 있을 것이다. 특히 식욕이 없을 때에는 식욕을 돋구어 주는 것은 역시 입에 맞는 반찬이다. 반찬이 입에 맞지 않아 식탁 앞에서 부부간에 가벼운 말다툼이 일어나는 경우를 우리는 쉽게 상상해 볼 수도 있다. 식사중 부부간에 가벼운 전쟁이 일어나는 경우는 대체로 자녀 문제, 돈 문제 나아가 반찬 문제도 큰 비중을 차지한다.

　이런 경우를 생각하여 특히 식욕이 없을 때에는 반드시 학교 앞의 시장을 둘러본다. 아내에게 반찬 주문을 하기 위한 현지 답사인 셈이다.

　견물생심(見物生心)이란 말이 있듯이 여기저기 널려 있는 찬거리를 구경하다 보면 견물생식심(見物生食心)이 발동하니 좋은 일이다. 집에 돌아와 내가 보았던 것을 주문하면 만사 오케이다. 때로는 내일이 멀다 싶으면 즉석에서 물건을 사는 용기도 부려 본

적이 여러 번 있다. 두릅을 사다 초무침을 하여 봄의 미각을 십분 음미해 보기도 했고, 멍게를 사다 회를 하여 향긋한 솔 냄새를 만끽하기도 했다. 특히 멍게는 내가 좋아하는 해산물 중의 하나다.

나는 서부 경남에서 성장했기 때문에 일찍부터 삼천포나 충무에서 올라온 멍게 맛에 길들여져 있다. 그리고 그 요리법도 잘 알고 있다. sbs의 '남편은 요리사'에 출연해서 실력 발휘를 한 적도 있다. 날 것을 회로 해서 먹는 것은 보편화되어 있지만, 살짝 데쳐서 초장에 찍어 먹는다든지 또 양념 고추장을 발라 구워 먹는 법은 모르고 있는 것 같다. 심지어는 서울 출신의 아가씨(신부)중에는 회를 해 먹는 법도 모르고 있는 사람이 있다는 이야기를 들은 적도 있다.

경상도 총각에게 시집온 서울의 아가씨가 있었다. 어느 날 시어머니가 시장에서 멍게를 사다 며느리에게 요리를 부탁했다. 그랬더니 어이없게도 멍게국을 끓여 왔더라는 것이다.

아무튼 시장길에 들러 내가 주문하고 내가 직접 사 보는 찬거리는 주로 내 고향의 입맛이요 반찬들이었던 것 같다. 그러고 보면 고향은 멀어질 수도 있고 변할 수도 있지만 고향의 미각은 변하지 않나 보다.

따라서 내가 시장길로 들어서는 것은 일종의 잊었던 고향의 미각을 찾기 위한 미각 기억의 회상 여행이라고도 할 수 있으며, 나아가서는 고향을 찾는 회귀 심리의 한 표출이라고도 할 수 있으리라. 그리고 비록 학생들과 마주쳐 교수 체면에 가벼운 손상을 입을지 모르지만, 그것은 반찬 탈을 부려 일어날 수 있는 부부 다툼을 미연에 방지할 수 있으니 그 얼마나 좋은 일인가.

나는 시장길에서 많은 인생도 보고 배운다. 생선에 물감을 칠하거나 공기를 집어넣는 얄팍한 상술도 보았고, 한 사람이라도 놓치지 않으려고 안간힘을 쓰는 억척스런 상혼도 목격했으며, 100원, 200원을 가지고 가계부의 대차대조표를 저울질하는 알뜰 주부들의 깎기 작전을 보면서, 내가 혹시 주제 파악도 하지 못한 채 낭비한 경우가 있지 않았나 하고 반성도 해본다.

맹자의 어머니는 아들의 교육을 위해 시장을 피해 다른 곳으로 멀리 이사를 갔다고 했는데, 적어도 나에게는 학교 앞 골목길에 시장이 있어 오히려 좋다.

러시아의 작가 막심 고리키는 "작가는 반드시 3등 열차를 타보아야 한다."고 말하지 않았던가. 백화점이 쇼핑의 1등 열차라면 시장바닥은 3등 열차에 비교되지 않겠는가.

그렇다. 내일 퇴근길에는 그동안 뜸했던 시장에나 한번 들러 보리라. (1989)

음치의 고백

 나는 노래를 꽤 잘 부르는 사람으로 문단에 소문이 나 있다. 1989년도에 〈스포츠 서울〉에 '유행가에 나타난 세태'란 토요 에세이를 연재하고 나서부터였다. 만나는 사람들로부터 "언제 우리 가요를 그렇게 연구를 했느냐"든지 또는 한술 더 떠 "노래 솜씨도 꽤 있나 보죠"란 황공스런 인사를 많이 받고 있다.
 사실 나는 음치다. 귀가 없는 셈이다.
 귀가 없다라고 적다 보니 영국의 저 유명한 수필가 찰스 램의 수필 〈귀에 대하여〉가 문득 떠오른다. 이 수필은 사뭇 독자들의 호기심을 도발시켜 보려는 계산에서 그 첫 문장이 '내게는 귀가 없다'란 충격적인 말로 시작된다.
 우선 이 문장을 접한 독자들은 귀 없는 작가 램의 꼴사나움 모습을 떠올려 볼 수도 있을 것이다.
 그런데 몇 줄을 더 읽어 내려가다 보면 독자의 상상을 우롱이라도 하듯 실망스럽게도 크지는 않지만 오히려 예쁘장한 귀가 건재하고 있음을 은연중 자랑하면서 그가 그런 충격적인 서두로 시작해 본 것은 다름이 아니라 음악을 감상하는 귀가 없다는 점을 밝히고 있다.

그는 감성적으로는 음의 조화를 즐길 수 있다고 생각하지만 타고난 천성이 어떤 곡조를 다룰 능력을 지니고 있지 못하고 있는 모양이라고 자가 진단을 하고 있다.

가령 영국의 국가인 '신이여 국왕을 살피소서'란 곡을 연습도 해 봤고 또 혼자 있을 때에는 휘파람을 불거나 속으로 흥얼거려도 보았지만 그 곡을 제대로 부르지 못한다고 고백하고 있다. 그는 아마 음치 중에도 상음치가 아니었던가 싶다.

이 글을 읽으면서 나는 나의 자화상을 보는 것 같아 동류의식의 동정심이 발동했던 기억이 생생하다.

나는 국민학교 시절에는 제법 노래를 잘 불렀다. 통신표(성적표)를 받아보면 다른 과목의 점수는 별 볼일 없었지만 음악 점수만은 늘 90점 이상이었다. 통신표를 받아 쥔 아버지께서 이놈은 장차 커서 사당패가 될 거냐며 칭찬보다는 볼멘소리를 하시던 게 아직도 귀에 쟁쟁하다.

그리고 대학 시절에는 제법 문과대생의 멋을 부려 본다고 시내의 음악실 출입도 자주 했다. 토요일 오후나 일요일이면 베토벤의 그 우주적(?) 심각성의 표정을 흉내라도 내듯 침통히 그리고 사색적인 표정과 포즈로 명곡 감상을 즐기기도 했다.

그러나 지금 생각해 보면 나 역시 찰스 램과 같이 감정적으로 음의 조화를 즐길 수는 있어도 어떤 곡을 멋들어지게 불러댈 능력이 없는 사람으로 판명난 지는 이미 오래다.

어떤 자리에서 가수 뺨칠 정도의 실력자를 만나면 시샘이 나고 한편 주눅이 들기도 했다. 내 목소리는 그런대로 저음으로서 매력(?)이 있다는 소리를 종종 들어왔는데도 어찌된 셈인지 노래만 불렀다 하면 돼지 멱따는 소리로 둔갑하니 기가 찰 노릇이다.

솔직히 고백해 보면 나는 아직도 악보 용어도 잘 모른다. 대학시절 부산의 '칸타빌레 음악실'을 수없이 드나들면서도 칸타빌레란 뜻조차 몰랐었는데 그 후에 비로소 '노래하듯이'란 뜻임을 알게 되었다.

또 6·25 후 문인과 화가들의 만남의 명소로 왕년에 이름을 드날렸던 명동의 '돌체다방'의 '돌체'란 뜻이 '부드럽게' 또는 '우아하게'란 뜻인 것도 모르고 그 다방 이름만은 곧잘 들먹이던 때도 있었다.

악보 용어를 모르니 악보 읽는 법은 더욱 캄캄절벽이다. 박자에 대한 감각이 있을 턱이 없다. 박자에 대한 감각이라도 있었다면 노래는 열외로 하더라도 사교춤에 대한 리듬 감각이라도 좀 발달

했을 터인데 그것도 아니었다.

 한때 30대 초반에 사교춤을 배우러 교습소에 나가 세 번이나 교습비를 고스란히 갖다 바친 적이 있다. 조금 익숙해진다 싶으면 공교롭게도 바쁜 일이 터져 그만두곤 했는데 그것도 큰 이유 중의 하나이지만 사실은 스텝 감각이 엉망이라는 핀잔을 들으니 오기가 발동해 그만 도중하차 해버린 것이다.

 악보도 모르니 악기 하나 제대로 다루는 게 없다. 집에 있는 피아노는 적어도 나에게만은 무용지물이다. 현대의 멋쟁이라면 피아노 건반을 두들기면서 한곡조쯤은 멋들어지게 뽑을 줄 알아야 할텐데 정말 맹물 신사가 아닐 수 없다.

 이런 나이고 보니 음치로서의 고충이 이만저만이 아니었다. 직장에서 또 니나노판의 친구 모임에서 항상 당하는 고통이었다. 특히 신입생 환영회나 졸업생 사은회가 있을 때 또는 학생들과 M.T를 갔을 때면 으레껏 노래 지명이 떨어지게 마련인데 정말 바늘방석이 아닐 수 없다.

 18번이라도 하나쯤 있으면 그나마 위기를 모면할 수도 있는데 그것마저 없고 보니 가련할 정도로 거창하게 셰익스피어 작사에다 베토벤 작곡 거기다 이유식 노래라는 우스개로 일단 얼버무리면서 겨우 '찌르릉 찌르릉'으로 시작되는 교통부 주제가(?)나 '학교종이 땡땡땡'으로 시작되는 문교부 주제가(?) 쯤으로 대신해 버리고 만다.

누구에게나 두세 곡의 레퍼토리는 있고 볼일이 아닌가. 노래를 잘하건 못하건 그것은 다음 문제다.

고 박정희 대통령의 18번은 '황성옛터'였고 조병옥 박사의 그것은 '매기의 추억'이었으며 왕년의 정객 고흥문 씨는 정몽주의 '단심가'란 시조창과 민요 '양산도 타령'이었다 하며 역시 왕년의 정객 정해영 씨의 그것은 충무공의 '한산섬 달밝은 밤'이란 시조창이었다고 한다. 문인 정객이었던 한솔 이효상 씨는 '고향무정'(오기택노래)과 동요 "푸른 하늘 은하수"로 시작되는 '반달'을 즐겨 불렀다 한다.

그리고 문인 중에서 조지훈 선생의 18번은 '기차는 떠난다'였고 미당 서정주 선생의 그것은 '쑥대머리'(김 세레나 노래)였다는 것을 오래 전에 어느 지면에서 읽은 적이 있다.

나도 두서너 곡의 18번 레퍼토리를 준비해 두어야겠다는 생각에 카세트 테이프를 사다가 제법 열심히 연습을 해둔 적이 있다. 이제 겨우 내 노래로 만든 것이 소월시에 곡을 부친 '엄마야 누나야'와 '남쪽 나라 바다 멀리 물새가 나르면'으로 시작되는 '고향초'(장세정 노래) 정도이다.

욕심을 내어 1970년대 초에 유행했던 '그 사람 이름은 잊었지만'(박건 노래)과 조용필의 '돌아와요 부산항에'를 꽤 연습도 해보앉지만 노래를 하는 중간쯤에 가다 보면 그만 가사가 생각이 나지 않아 실패한 적이 한두 번이 아니라서 결국은 포기하고 말았다.

이런 음치가 가사에 관한 테마 에세이를 썼으니 정말 아이러니가 아닐 수 없다. 친구들은 농담 삼아 문학평론가는 작파하고 가사평론가로 전향하려느냐 고 농을 걸어오기도 하는데 어쩌면 노래를 못하는 이 음치의 보상심리가 그런 쪽의 관심으로나마 발전한 것이 아닐까. (1989)

숫자 기억의 낙제생

기억력에는 여러 가지가 있을 것이다. 사람의 인상 및 이름의 기억, 어떤 사건의 정황 기억, 단어 기억, 공식 기억 등. 그리고 개인에 따라 기억에 있어서 특출한 부문도 있을 것이다.

내가 아는 분 중에는 전화번호를 마치 전화번호부인양 척척 대주는 사람도 있고 또 건성으로 통성명의 간단한 인사만 나누었는데 수년 후에 용케도 이름까지 기억하고 있는 사람들도 종종 있다.

나의 특기는 주로 사건의 정황 기억에 있는 것 같다. 설사 10년 전 아니 20년 전 일이라 할지라도 그때 상대가 어떤 옷을 입었고 어떤 행동과 어떤 말을 했다는 것을 본인은 까마득히 잊고 있지만 내가 그 기억을 환기시켜 준 경험이 더러 있다.

그러나 숫자 기억에서만은 통 맥을 못 추고 있다. 가령 역사적 사건을 이야기할 때 어느 사건의 근인과 원인 그리고 그 배경 등은 잘 기억하고 있으나 그 사건의 연도에는 깜깜절벽이다.

　한마디로 숫자 기억의 낙제생이 아닌가 싶다.

　해프닝도 더러 있었다. 훈련병 시절의 초기에는 군번을 못 외워 '원산폭격'이라는 기합을 받은 일도 있다. 버스 노선 번호를 못 외워 노상 주위에 구걸하듯 묻곤 했다. 그런가 하면 주민등록번호를 대주지 못해 검문 순경으로부터 간첩으로 오인당할 뻔한 적도 있었다.

　생활인으로서 우리가 반드시 외워 두어야 할 숫자들이 있다. 생년월일, 주민등록번호, 전화번호, 차량번호, 우편번호, 주소의 통반이나 번지수, 아파트의 호수, 은행통장번호 및 그 비밀번호, 신용카드번호, 군번, 수험번호. 학번, 입학과 졸업년도, 입사년도, 결혼년월일, 옷이나 신발의 치수, 버스나 지하철의 노선번호 등은 직접 본인이나 본인의 생활 편의와 관련된 숫자인 만큼 반드시 기억하고 있어야 할 '필수숫자' 들이라 하겠다.

　그런가 하면 '선택과목'이라는 말이 있듯이 선별해서라도 꼭 외워두어야 할 '선택숫자'도 있다. 가까운 친척, 외가, 처가, 절친한 친구, 단골집, 중요 거래처 등의 전화번호와 가족의 생년월일 그리고 제삿날 등이 이에 속할 것이다.

　그런데 나는 '선택숫자'는 커녕 '필수숫자'도 다 못 외우고 있으니 딱한 노릇이 아닐 수 없다. 은행의 통장번호, 지하철의 노선번호, 우편번호, 옷이나 신발의 치수도 분명치 않다. 전화번호라야 기껏 내 집과 직장의 것이 고작이다. 강의실 호수를 못 외워 남의 강의실 문을 열고 들어가는 무례도 여러 번 범했다. 호텔방의 호수가 잘 기억되지 않아 도둑고양이처럼 이방저방 앞을 기웃거린 경험도 있다.

가만히 그 이유를 생각해 보았다. 첫째로 숫자감각이 무딘 것이 큰 이유이겠지만, 숫자에 대한 무관심도 큰 이유인 것 같다. 사소한 숫자 따위를 기억해 두느라 구태여 머리를 썩힐 것이 아니라 더 큰 정보, 더 큰 윤곽, 더 중요한 핵심을 입력시키기 위해 기억용량의 어느 부분을 비워둠과 동시에 단순화시켜 놓자는 그 무의식이 은연중 작용하고 있다 고나 할까.

그렇지만 이로 인해 불편한 일이 또 많았다. 한가지 다행스러운 것은 타인과의 관계에서 실수 여부와 관련될 수 있는 숫자, 가령 원고마감일, 돈 거래시의 액수나 그 약속 기일 그리고 약속날짜나 시간 등은 잘 기억하고 있으니 신기한 노릇이다.

이렇게 보면 적어도 나의 기억력은 저 유명했던 라마르크의 학설을 원용해 보면 내 나름의 용불용(用不用)설의 원칙에 의해 편의 숫자의 기억은 퇴화한 셈이고 반면에 실수와 유관한 숫자기억은 개발되어 있는 것 같아 그런 나름으로 자위해 본다.

(1989)

기를 못 편 학교성적

　학교 성적이라면 나는 한 번도 우등상을 탄 기억이 없다. 개근상을 탄 적은 두세 번 있다. 초등학교, 중·고교, 대학을 통해 우등생도 아니었고, 열등생도 아니었으며 그렇다고 낙제생이었던 것은 물론 아니었다. 중상 정도였다. 간혹 TV를 보면서 흥미로 출연자의 학교 성적을 소개하는 프로를 만나게 되는데 대개 성적이 좋은 경우다. 만약 내가 그런 프로의 주인공이라면 좀 창피스럽겠구나 하는 생각도 해보았다.
　그래서 어느 날 나는 학교 도서관에서 과연 세계 위인들의 성적표가 어떤가 하는 호기심에서 자료를 한 번 찾아보았다. 물론 성적이 우수했던 사람들도 있었지만 더러는 열등생도 있고 심지어 낙제생도 있었다는 사실을 발견하고 다소 위안이 되었다. 철학자 칸트, 데카르트, 헤겔, 사르트르, 소설가 카프카, 헤밍웨이, 영웅 나폴레옹, 정신분석학자 프로이드, 교육자 페스탈로찌 등은 성적

우수생이었지만, 반면에 낙제생도 있었다. 처칠은 만년 낙제생이었고, 음악가 바그너는 음악에 열정을 쏟은 반면 다른 학과는 낙제였다. 열등생으로는 수학성적만 특출했던 아인슈타인, 히틀러, 헨리 키신저, 발명왕 에디슨, 작가 발자크 등도 있다. 중간 성적의 평범한 학생으로는 철혈재상 비스마르크, 인도의 간디, 진화론의 다윈, 소설가 도스토예프스키와 제임스 조이스, 종교개혁가 마르틴 루터, 음악가 슈베르트가 있다.

초등학교 시절 그나마 재미를 붙인 과목은 국어, 지리, 역사였고 제일 싫어했던 과목은 마치 철학자 니체의 경우처럼 산수였다. 통신표를 받으면 늘 산수성적이 형편없어 언제나 아버지에게 혼이 났다. 그러다 보니 일단 다른 과목은 제쳐두고 시간만 있으면 나를 불러 가르쳐주었는데 아버지 방에 들어가는 것이 마치 소가 도살장에 끌려 들어가듯 죽기보다 싫었다. 알밤세례 아니면 주먹세례가 날아오기 마련이었다. 측은해서 간혹 할머니는 공부를 못해도 다 살기 마련이라며 너무 애를 다그치지 말라고 하시면 그것은 과히 천국의 복음이었다.

하루는 분수 자습 문제를 내주셨다. 하나하나 검사를 하시다가 틀린 것이 있으면 틀린 이유를 설명해 주었다. 그래도 통 이해가 되지 않자 또 주먹이 날아오는 것이었다. 부리나케 방문을 열고 다리야 날 살려라 하고 밖으로 내달렸다. 아버지도 나를 잡으려고 뒤쫓았다. 잡히느냐 잡느냐를 두고 부자간에 벌인 일대 레이스였다. 아버지는 차고 있던 시계 줄이 끊겨 길가 풀숲에 떨어진 줄도 모르고 마구 뛰었고 나는 새앙쥐처럼 요리조리 잘도 피해 위기의 순간을 용케도 넘겼다. 며칠 후 동리의 한 아낙이 물 길러 나오다 보니 풀숲에 무엇인가 반짝거리는 것이 있기에 주워보니 시계였다며 시골 마을에서 시계를 찰 사람이라면 아버지밖에 없다는 생각이 들어 우리 집에 가져왔다는 것이었다. 해방 후 그리고 6·25전의 일인데 스위스제 고급시계였다. 쌀 두세 가마니 정도의 값이지만 그 시계를 만약 영원히 찾지 못했다면 홧김에 그 후 나는 더 큰 곤욕을 당했을 것이다.

이런 해프닝이 모두 내가 산수에 소질이 없고 취미가 없었기에 일어난 일들이다.

그리고 또 한번 성적 때문에 통신표를 잔꾀를 내어 고친 일도 있다. 철필도 사고 같은 색깔의 잉크도 사 60점이면 80점으로, 70점이면 80점 아니면 90점으로 고쳐 혼쭐나는 위기를 모면했다.

시골 초등학교의 학생으로서 공부에 큰 흥미를 느끼지 못했다. 오일장이 서는 날이면 수업이 끝난 후 조무래기 친구들과 어울려 오리 길을 마다 않고 신나는 놀이와 볼거리가 우리를 기다리고 있기에 걸어서 장 구경을 다녔다. 장 구경에는 개근상감이었으니 덩치 큰 친구들이 장돌뱅이라고 나를 놀려주곤 했다.

  초등학교 5학년 때라고 기억된다. 중학교에 진학하려면 열심히 공부를 해야 한다고 모든 가족이 성화를 댔지만, 아예 공부에 큰 흥미가 없다 보니 어느 날 할머니에게 중학 포기의사를 밝힌 적도 있다. 그리고 거창한 나의 미래의 포부(?)를 밝혔다. 꼬마 장돌뱅이로서 보고 들은 것이 있었으니 장사를 하겠다는 진로 결정이요 포부였다. 즉석에서 쓸데없는 소리 한다고 타박만 들었는데, 만약 그때 집안 형편이 여의치 못했다면 아마 나의 운명은 바뀌어 지금은 장사꾼이 되어 있을 듯싶다.

  6학년이 되어 그나마 마음을 다잡고 중학 입시 국가시험을 대비해 열심히 공부해 시골에서 진주중학교로 유학을 갔다. 그리고 진주고등학교에도 경쟁을 통해 입학할 수 있었다.

  여기서 중학교 시절의 성적 운운은 건너뛰더라도 고등학교 시절만 보면 국어, 영어, 역사, 지리 등은 상대적으로 괜찮은 편이었으나 물리, 수학, 기하 등은 형편없었다. 대체적으로 나는 초등학교에서부터 고등학교까지 계산하는 과목보다는 외우는 과목에 흥미가 있었다. 이런 나였으니 대학 진학은 인문계 체질이었다.

  결국 대학은 인문계로 택했다. 그리고 계산하는 이공계가 아니다보니 흥미도 있었고 또 여러 공부에 늦게나마 문리가 터지는 듯싶었다. 그렇다면 왜 대학성적도 중상 정도밖에 안 되는지 의문을 가질 법하다. 영문과에 입학하고 오로지 문학공부나 글쓰기에 치중한 결과 때문이다. 학교 공부는 둘째로 하고 끝없이 펼쳐진 초원을 굴레 벗은 말이 제 마음대로 달리듯 문학공부에만 심취했다. 그 결과 다른 보상이 생겼다. 현대문학을 통해 학생 평론가로서 당당히 평단에 데뷔할 수 있었다.

아무튼 초등학교, 중·고교 그리고 대학 과정의 성적이라면 중상급밖에 되지 않아 자랑할 게 없다. 성적 이야기만 나오면 다소 주눅이 들고 기를 못 편다. 공부머리가 늦게 트인 것만은 사실이다. 내 형제간들도 그런 걸 보면 어쩌면 유전적 요인이 아닌가 싶기도 하다.

그러나 천재다, 무어다 하며 반짝 꽃피다 시든 학생들에 비하면 오히려 늦게 트인 머리가 좋았지 않았나 하고 자위도 해본다. 학교 성적이 이렇다하게 내놓을 게 없었으니 꾸준히 나의 다른 소질의 성적에서나마 보상받으려 한 것이 나의 변명이라면 변명이 되겠고, 또 그런 변명 때문에 오늘 나는 이런 글을 쓸 수 있지 않나 싶다.

세상일이란 참으로 묘해 어떤 결과의 길고 짧음은 역시 대보아야 알 것 같다.

학교성적과 사회성적이 다 같으면 오죽이나 좋으련만 세상은 결코 그렇지 않다. 학교의 열등생이나 보통학생이 사회의 우등생이 되는 경우도 있고, 반대로 학교의 우등생이 사회의 열등생이나 낙제생인 경우도 있다. 일부러 내가 기라성 같은 위인들의 성적을 거론해 본 것도 다 그런 이유에서다.

  문제는 인생이란 긴 도정에서 자기를 어떻게 만들어나가느냐에 달려 있다. 우등생은 사회에 나와 자만하지 말아야 할 일이고, 열등생이나 보통 학생이라면 오기에라도 분발하고 볼 일이 아닌가.

(2000)

젊은 시절 '제비족'이
될 뻔했던 사연

누구에게나 살다 보면 본인이 직접 경험했던 자투리 같은 삽화적 이야깃거리는 많을 것이다. 그중 가장 호기심을 끌 수 있는 소재라면 뭐니 뭐니 해도 남녀관계 이리라. 명색이 나도 남자인지라 왜 나에게도 그런 에피소드가 없을쏘냐. 또 그것을 공개해서 겁날 일도 없고 체면 깎일 일도 없다. 그러나 여기서는 그런 것을 살짝 피해 춤과 관련 있는 에피소드를 소개해 볼까 한다.

때는 1970년대 초로, 그 당시 나이는 30대 중반쯤이었다. 그 시절 나는 영문과 출신으로 고교 영어교사 경력을 바탕 삼아 무교동에서 외국어학원을 운영하고 있었다. 어느 날 오후 늦게 자기 사업을 하고 있는 고교시절의 한 친구가 찾아왔다. 첫 방문이라 바로 아니 멀리 있는 무교동 낙지골목의 술집으로 안내해 우리는 서로 여러 이야기를 나누었다. 그는 학생 시절에 좀 맹랑한 구석이 있었는지라 술도 좀 거나하게 되고 보니 제법 재미있는 자기 경험담을 스스럼없이 털어내주었다. 교사 출신의 원장으로서 별도 시간이 나면 글쓰기에만 매달려 있는 나의 생활과는 아주 천양지차가 났다. 춤 이야기가 나와 댄스홀이나 카바레에서 있었던 호기심 천국 같은 이야기를 들려주었다. 내가 '준 샌님' 생활이라면, 그는 약간 '바람둥이' 생활을 하고 있었던 같다. 이야기 중 나에게 춤출 줄 아느냐고 묻기에 모른다고 하자 자기가 경험했던 일들을 자랑 삼아 흥미진진하게 들려주는 것이다. 젊은 나이에다 또 꽁생원이 아닌 이상 어찌 마음이 동하지 않았겠는가 원래 사람 사귀기를 좀 좋아하는 성격에다 명색이 영어를 공부했고 또 외국어학원 원장이니 만큼 현대 신사의 자격요건 중의 하나라면 우선 서양춤을 출 줄 알아야겠다고 결심을 했다.

　수소문 끝에 학원에서 아니 멀리 있는 곳에 있는 댄스교습소를 찾아갔다. 설명인즉 블루스, 트로트, 지르박 등 몇 가지 이른바 사교춤을 익히려면 남자들은 상대를 리드 해 주어야하기에 3개월이 걸리고 대신 여자는 리드를 받는 쪽이라 2개월이면 끝난다는 것이다. 개인 지도는 시간 선택이 자유롭고 언제든 본인 시간에 맞출 수 있다기에 제법 큰 액수를 내고 개인지도 등록을 했다.

　그런데 슬로 슬로 킥킥하며 블루스 기초 동작을 겨우 익히고 트로트를 막 익힐려는데 학원에서 예상치 못한 일이 덜렁 생겼다.

결혼을 앞두고 있었던 여자 수강생과 미국인 강사 사이의 비밀 연애사건이 터진 것이다. 아가씨 측 오빠가 찾아오네 어쩌네 하다 보니 원장으로서 도의적 책임도 있고 해서 그 수습을 하느라 중도 포기하고 말았다.

그 후 2~3개 월이 지나 다시 두 번째 등록을 하고 교습을 받고 있는데 나를 교습시키는 여자와 말다툼 일이 생겨 또 중도하차하고 말았다. 초면이지만 내가 두 달째라는 것을 어떻게 알았는지 어느 날 자존심 상할 만한 핀찬을 주는 것이 아닌가. 원래 나는 리듬 감각이 좀 서툰 편인데 그러다 보니 여러 번 발을 밟고 말았다. 약간 노기 띤 소리로 불평을 하는 것이 아닌가. 순간 자존심도 상하고 또 왜 큰돈을 구태어 들여가며 이런 춤을 배워야만 하는가에 대한 오기가 발동하여 즉석에서 그만두겠다고 선언하고 나와버렸다.

그것이 곧 거창하게 말해 나의 춤 배움의 역사에서는 처음이요 또 영원한 마지막이 되고 말았다. 당시는 속으로 그 여선생 욕은 좀 했지만 지금 생각해 보면 결과적으로 춤으로 인해 혹시라도 옆길로 나갈 수 있는 외도를 미연 방지해준 내 인생의 은인이다 싶다. 생각해 보라. 만약 춤이 익숙되었다면 젊은 기질에 분명 카바레나 나이트클럽에 비록 문턱이 닳을 정도는 아니더라도 제법 출입을 했을 것이다. 마음만 먹는다면 이른바 '제비족'은 될 수 있지 않았겠는가. 왜냐하면 낙제점인 춤솜씨만 제외하고 보면 첫째 '제비족'이 될만한 조건은 자평이 약간 낯간지럽긴 하지만 충분히 갖추어 있다고 본다. 아니 자평 만이 아니다. 그동안 사람들과 어울려 보면 더러 구변도 좋고 사교적인데다 외모나 체격 조건 등을 보아 춤을 잘 추겠다 싶다는 즉석 평을 제법 많이 들어도 보았기 때문이다.

더욱이 젊은 시절의 한때를 생각해 보면 아찔한 생각이 들지 않는 바는 아니다. 만약 '춤제비' 아니 '제비족'이라도 되었다면 오늘의 나는 물론 인생도 상당히 망가졌으리라 본다. '모르는 것이 약'이란 말이 있듯 춤을 몰랐던 것이 천만다행이다 싶다.

또 한편 젊었던 시절만이 아니라 내 인생에 있어서 나의 춤바람을 미연 방지해 줄 수 있었던 또 다른 방풍 막이 또 있긴 하다. 학원원장 10여 년에서 대학교수로의 직업 전환도 한몫 했다고 본다. 교수로의 전환이 아니고 계속 원장 생활을 했다면 또 혹시 춤을 다시 배워둘 가능성은 전혀 없지 않았으리라. 그렇다면 분명 춤 사고라도 났지 않았을까도 싶다. 다행히 교수가 되었으니 교수 체면과 품위에 맞는 행동을 해야 했기에 춤 하고는 일정거리를 둘 수밖에 없었던 사정도 있었다.

아무튼 평생을 춤 에서만은 맹물 신사가 되어 온 셈이다. 간혹 아쉽다는 생각이 안 들었다면 분명 나는 사내가 아니다. 교수 시절 학생들과 MT를 가서 익힌 고고나 디스코가 나의 유일한 메뉴 목록이라 그런 나름으로 문단 생활 중 1박 2일 세미나에 출행 하여 기회가 온다면 그래도 흥은 살아 있어 막춤 비슷한 춤은 더러 추워보았다.

  나는 꽁생원도 아니고 골방 샌님도 아니다. 물론 '목석같은 그 사내'도 아니다. 제법 멋도 부릴 줄 알아 교수 시절에는 여제자들로부터 '멋쟁이 교수님'이란 소리도 더러 들었다. 그러기에 맹물 신사만은 면해야 하겠기에 춤이란 도락 대신 마음 맞는 친구들이나 문우들과 어울리는 술좌석의 도락만은 일부러 멀리 하려고는 하지 않았다. 주는 잔 오는 잔을 슬로슬로 킥킥 부딪치며 나누는 정담이나 한담 그리고 문담이야말로 우리에겐 곧 생음악이 된다.

(2018)

청부(淸富)의 정신

 '청빈(淸貧)'이란 말은 누구에게나 익숙되어 있겠지만 '청부(淸富)'란 말은 아예 생소한 것이다. 이 말은 내 나름대로의 조어인데 청빈의 반대 개념으로서 깨끗하고 청렴결백한 정신에서 이룩된 부를 말함이다. 시대의 변화와 사고방식 및 생활의 변화에 따라 새로운 가치 개념이나 가치질서를 부여하고 또 창조하기 위해서는 새로운 말이 반드시 필요한 것 같다.

 알다시피 청빈은 정신주의에 역점을 둔 조선조 선비사회의 생활규범이었고, 그 정신은 물욕주의를 멀리한 정신적 귀족주의와도 통했다 하겠다. 이른바 깨끗한 가난, 청렴결백한 가난에서 정신적 자유와 여유를 즐겼던 것이다. '나물 먹고 물 마시고 팔을 베고 누웠으니 대장부 살림살이 이만 하면 제일이지'가 그 당시 청빈사상의 주제곡(?)이기도 했다.

 그러나 세상은 너무나 많은 변화를 거듭해 왔다. 오늘날은 청빈

운운하는 것 자체가 잠꼬대다. 조선조 사회의 붕괴와 함께 자본주의의 물질주의가 정신주의를 압도한 만큼 청빈이란 말은 유물이 된 셈이다. 또 시대가 시대인 만큼 이 말을 오늘날의 지나친 물질주의와 정신현상을 치료하기 위한 특효약인양 새롭게 들먹일 필요도 없다. 사실 오늘날은 부를 마다 할 사람이 아무도 없다. 누구에게나 부의 추구가 삶의 지상목표인 양 되어 있다. 잘 살고, 잘 먹고, 편해 보자는 생각을 그렇게 탓할 필요도 없다.

그러나 한 가지 화근은 수단 방법을 가리지 않고 부를 쌓아보자는 소위 '부의 마키아벨리즘'에 있다. 개인에서든 집단에서든 우리는 이런 것을 너무 많이 보아 온 셈이다. 일확천금의 한탕주의자, 복부인들의 거센 치맛바람이 그 좋은 예들이다.

그런 만큼 우리에겐 그 어느 때보다도 '청부'의 정신이 요청된다 하겠다. 돈은 벌되 어디까지나 깨끗이 벌라는 뜻이다. 앞으로 우리사회가 유교적 자본주의를 표방 한다면 그 이상적 정신의 근간이 바로 그런 정신이 아닐까도 싶다. 유교적 전통의 정신과 이른바 자본주의의 조화로운 계승과 발전이 거기서 이루어질 듯도 싶다.

지금 당장이라도 모든 사람들이 이런 정신으로 생활에 일하게 된다면 부의 추구에 따른 온갖 잡음과 추태가 사라질 듯도 싶다. 부를 추구하되 그야말로 정당한 방법으로 적공(積功)에 의해 쌓아올린 부야 그 누가 탓하랴. 설사 활빈당을 만들어 빈민을 구제하겠다던 소설속의 홍길동이가 다시 나타난다 하더라도 양심상 그들의 부를 왈가왈부는 하지 못할 것이다.

'청부'의 정신은 마땅히 존중되어야 하고 강조되어야 할 일이다. 인정이 넘치고 또 복지사회 건설을 위해서는 더욱 강조되고 볼 일이다. 개인은 마음속으로, 회사는 사시(社是)로써 실천으로 옮겨 본다면 우리 사회는 한층 밝게 정화될 것 같다. '조용한 아침의 나라'의 후손들에겐 음침하고 잡음으로 시끄러운 '흑부(黑富)'가 아니라 '청부'의 정신이 어쩌면 안성맞춤일지도 모르겠다.

(1983)

아호의 사연

　동서양을 막론하고 글 쓰는 사람이라면 아호를 하나쯤 가졌으면 한다. 아예 처음부터 아호로써 작품 발표를 한 사람도 더러 있다. 불란서의 여류작가로서 시인 뮈세, 피아노의 시인 쇼팽등과 숫한 염문을 터트렸던 죨쥬 상드, '깊이, 두발'이란 뜻의 미국 작가 마크 트웨인, 불란서의 작가 스탕달, '최고의 고통'리란 뜻의 러시아 작가 막심 고르키의 이름도 사실은 알고 보면 펜 네임이다. 박목월, 조지훈, 김동리도 마찬가지다.
　요즘은 우리 문인들이 지난 시절과는 달리 아호를 갖더라도 나이가 지긋이 들어서인 것 같다. 데뷔한지 얼마 되지 않은 사람이 호를 가지고 보면 좀 건방지다는 인상을 주기 때문이 아닌가 싶다. 20년대나 30년대만 해도 문단에 조금 이름만 내걸면 경쟁이나 하듯 호를 멋으로 갖는 것이 큰 유행이었고 심지어 하나가 부족해 2,3개 정도를 가진 분들도 더러 있었다.

그러나 시대의 변화와 함께 아호에 대한 생각도 차츰 변해 왔지 않나 싶다. 처음부터 필명이 아닌 바에야 문단경력도 상당히 붙고 또 나이도 지긋해서 갖겠다는 것이 일반적인 추세인성 싶다. 나의 경우도 그렇다. 약 10년 전, 50대 초반 나이였는데 그 당시 나에겐 아무런 호도 없었다. 내 또래의 몇몇 문우들이 편안한 마음으로 문정(文情)을 나누는 자리였다. 술이 거나해진 친구들이 스스럼없이 서로 아호를 부르는 것을 들으며 한편 부럽기도 해 나도 이젠 호 하나쯤은 가질만한 연조라고 생각해 보았다.

사실 나이가 지긋해서는 친구간이라도 흥정이나 거래, 업무상의 자리가 아닐 때면 직책이나 직명을 마구 불러 대면 좀 거북살스럽다. 풍류 어린 자리라면 역시 아호가 문자 그대로 아취가 있고 멋도 있어 보인다. 그래서 10년 전부터 호를 하나 갖게 되었다. '청다'(靑多)다. 여기엔 여러 숨은 사연이 얽혀 있다. 알다시피 호는 대개 스승이나 선배 아니면 친구들이 지어주는 것이 상례인데 나의 경우는 반은 남의 힘이고 반은 자작이다.

처음에 호를 지어 보려고 이런 저런 궁리를 해보았다. 예로부터 대개 출생지나 성장지의 지명이나 산, 강 이름을 따오는 관례도 있어 성장지의 뒷산 '옥산'(玉山), 마을 이름 '양구'(良邱)', 면이름 '옥종'(玉宗) 그리고 출생지 마을 '청현'(靑峴)도 생각해 보았다. 그러나 너무 모방하는 듯 싶어 싱거웠다.

그 다음, '외솔' '외배' '한솔' '늘봄' '가람'과 같은 분들의 순수 한글 호도 어떨까 싶어 생각도 해봤는데 역시 마음이 썩 내키지 않았다. 내가 한글학자나 한글 전용주의자라면 몰라도 꼭 한글 호를 고집할 것까지는 없다 싶었다. 또 그 다음, 관례적으로 아호에서 공식 불문어 처럼 자주 보이는 한자를 넣어 지어볼까 도 생각해 보았다. 내친 김에 공부도 할 겸 조사를 해보니 약 30여 자가 나오는데 지난날에서부터 오늘에 이르기까지 모든 한국인의 아호에 이들이 약 80%는 차지하고 있다는 사실도 발견했다. 거의가 자연이나 자연물을 지칭하는 글자이고, 간혹 집을 뜻하는 정(亭)과 당(堂)자와 민(民), 심(心), 헌(軒), 제(齊)와 같은 글자가 보이고 있었다. 그러나 이것도 역시 너무 고전적(?)이라 싶으니 신선함이 없고 또 한편 그 당시가 2000년대를 미리 들먹이고 있는 세상이다 싶으니 새로운 감각도 없다 싶었다.

이런 저런 궁리를 하다보니 문득 부산대학 시절이 생각났다. 나의 고등학교 친구들이 어느 날 겉멋을 부려 장난스럽게 지어준 '청다'(靑茶)라는 호였다. 작호의 주인공들은 주식회사 LG 스포츠 운동팀의 사장을 지내고 지금은 고문으로 물러나 있는 강정환군, 유네스코 한국위원회에서 간부로 있다가 오래 전에 퇴직한 유낙림군, 50년대에 「자유문학」지로 데뷔한 작고시인 조순선생의 동생이며 현재는 경남 의령에서 '의령 민속주' 주조사업을 하고 있는 조갑순군 등이었다. 어느 날 나의 문단 등단을 축하해 준다고 모인 자리에서 그들이 지어준 호이다. 그때는 그저 지나가는 장난말로 듣고만 넘겼다. 까마득히 잊고 있었던 이 호를 거의 30여 년만에 다시 기억해 내어 새롭게 음미해 보았다. 우선 푸를 청(靑)자의 뜻과 음이 청아해서 좋았다. 그러나 '청'자는 좋았지만 자칫하면 '靑茶'를 청차로 읽을 것 같고 또 설사 '청다'로 부를 지라도 '茶'자가 다 예술인의 호 같아 마음이 내키지 않았다. 궁리궁리 끝에 번쩍 떠오른 글자가 바로 '많을 다'(多)였다. 그러고 보니 이름과 잘도 어울려 뜻도 잘 통하고 청동그릇의 여운 같은 울림의 여운도 있다 싶었다.

  청다(靑多) 이유식(李洧植). 마치 오언시(五言詩)처럼 그 뜻이 그럴듯했다. 호에서 이름쪽으로 풀이해 보니 '푸르름이 많은 오얏나무를 물 있는 곳에 심노라'도 되고, 거꾸로 이름에서 호 쪽으로 풀이해 보아도 '오얏나무를 물 있는 곳에 심으니 푸르름이 많구나'도 되는 게 아닌가. 그리고 또 울림의 메아리가 있어 좋았다. '청다 이유식'해 보니 '청'자가 울림을 열어 주고 '식'자가 그 울림의 메아리를 달아 주는 게 아닌가. 이런 횡재가! 정말 쾌재를 불렀다. 2/3는 친구들의 덕, 1/3은 나의 고심과 궁리 덕이니 그때 그 친구들의 장난말에 마음으로나마 정중히 감사를 했다. 누가 뜨물에 애 선다고 했다던가. 실없는 그 뜨물(장난말)이 30여 년만에 내 속에서 애(호)로 분만될 줄이야 감히 누가 알았으랴.

그래서 그때부터 나는 이 호를 작정하고 쓰기로 마음먹었다. 아호가 있느냐고 누가 물을 때면 이것을 선뜻 대주며 때론 풀이까지 곁들이는 친절도 베풀었고 또 가벼운 글이나 해설, 서문을 써주는 경우라면 일부러 이름 앞에 호를 달아보기도 했다. 그리고 내가 책을 낼 경우라면 빠짐없이 서문의 꼬리에 호를 넣었다. 92년도에 나온 에세이집 「노래」가 그 시발이었다. 어느 날 시인 신세훈 사백에게서 아호와 이름 획수풀이를 해보니 제법 그럴 듯 하더라는 말까지 듣고 보니 더욱 신이 났다. '고슴도치도 제 새끼만은 예뻐한다'라는 말이 있지 않은가. 그럼 이젠 아호의 변을 한번 읊어볼까 한다. 아호 속의 '푸를청' 자는 비록 고향이나 성장지의 지명이나 강 그리고 산 이름에서 그대로 따온 것은 아니지만 그런 곳과 전혀 무연하지 않아서 더욱 좋다. 내가 태어난 곳은 경남 산청군 청현리(靑峴里)다. 그리고 내가 성장한 하동군 옥종면 양구리의 바로 옆 마을이 청룡리(靑龍里)다. 뿐만 아니라 직장(대학)이 인왕산 기슭에 자리하고 있어 연구실의 창문만 열기만 하면 인왕산은 물론 북악산과 멀리는 북한산이 한 눈에 들어온다. 온통 푸른 색 일색이다. 호를 지을 때 '푸를 청'자에 특별히 매달리게 된 이유는 우선 뜻과 음이 좋아서이긴 하지만 이런 연관성의 배경도 크게 작용했던 것은 사실이다.

뿐만 아니라 아전인수식 인생풀이도 해보고 있다. 글을 쓰는 사람이니 아호와 이유식을 합쳐 한문풀이를 해보면 근사한 문학적 풀이가 되고 또 호와 이름에서 아무리 찾아봐도 돈(金)이나 권력(權), 부(富)와 연관 있는 글자는 아예 없고 오로지 식물성의 글자만 청청하니 어쩌면 운명적으로 내 팔자를 대변도 해주고 있지 않는가. 또 하나의 변이 있다. 흔치 않는 호라서 좋다. 특히 작고나 현존 문인 중에서 '푸를 청'자가든 호를 가진 분은 드물다.

청로(靑爐) 임화, 청마(靑馬) 유치환, 소설가 청암(靑岩) 김관식, 시인 청태(靑台) 문덕수, 시인 청하(靑荷) 성기조, 평론가 청원(靑原) 이상비 정도다.

이래저래 나는 나의 호를 운명적으로 사랑한다. 특히 요즘은 자연과 환경문제가 자주 화두로 등장하니 나의 호, 나의 이름에서 자연사랑과 자연보호를 묵시적으로 암시 받고도 있어 좋다. 물론 개중에는 너의 호만 그렇느냐고 핏대를 올릴 사람도 있겠지만 호와 이름을 연관지어 본다면 '푸르름이 많은 오얏나무를 물 있는 곳에 심는다'라는 뜻이 되니 가히 자연사랑, 자연보호의 캐취 프레이즈가 되지 않겠는가 말이다.

'내가 그의 이름을 불러 주었을 때/ 그는 나에게로 와서 꽃이 되었다.'는「꽃」의 시인 김춘수의 시구처럼 많은 사람들이 나의 아호를 불러 주기를 은연중 바라고 있다. 아호처럼 맑고, 깨끗하고, 항상 푸르게 살고자 다시 한번 내 마음을 추스려 본다. (2001)

'출세'의 참 의미

 내년이면 남명선생 탄신 500주년이 된다. 평생을 처사로서 학문과 제자 가르치기에 몸 바친 그 유덕은 오늘을 사는 우리에겐 시사하는 바가 많다.

 오늘날 흔히 우리가 말하는 출세관의 개념에 대한 반성도 해보는 계기가 되며 또 살아서 당대의 광영은 무엇이며 죽어서도 영구한 광영은 무엇인지 또 더 나아가 정신적, 문화적 유산의 중요성도 새삼 반추해 볼 수 있는 계기가 되고도 있다.

 '출세'의 사전적 풀이는 '좋은 자리에 올라 잘됨'이라고 되어 잇다. 그러다 보니 이 말은 어떤 권력 있는 지위나 높은 직위 또 큰 부자가 되었을 때에만 곧잘 쓰이는 것 같다. 가령 어느 누가 국회의원이나 장관, 장군이나 총장 또는 판검사가 되었다 하면 부러운 듯 '출세했군'이라 한다. 또 나이에 비해 상대적으로 일찍 승진했다 하면 역시 '출세했군'이다. 뿐만 아니라 빌딩 사장이나 큰 회사의 사장, 회장이 되었다면 역시 '출세했군'이다.

그러나 상대적으로 어느 누가 교수나 박사가 되었거나, 이름 있는 작가나 도예가, 서예가가 되었다거나 또는 어느 누가 국전에 당선되었다 하면 '출세'란 말의 사용에는 은연중 완강한 거부감을 보인다. 그저 '잘 되었군' 정도에서 끝난다.

이는 단적으로 권력 지향적, 직위나 지위 지향적, 부 지향적 가치관에서 비롯된 관습적 말버릇이요 입버릇이 되어 있다는 증거다. 허나 냉정히 한번 뒤집어 생각해 보면 꼭 그런 것만이 출세가 아니란 점이 금방 드러난다. 그것은 좁은 개념이요 적용이지 크고 넓은 개념은 결코 아니다.

가령 조선왕조 500년 동안을 한번 생각해 보자. 영의정, 좌의정, 우의정 이른바 삼상(三相)의 자리에 오른 사람은 366명이다. 평균 한 자리에 122명이 거쳐간 셈이다. 그래서 영상의 재임기간을 평균 5년으로 보면 대충 잡아 100여 명이 그 자리에 올랐다고 상정해 볼 수 있다.

그런데 일반 지식인의 입장에서 막상 생각나는 사람은 불과 10여 명 안팎이다. 태조조에 영상급의 지위에 오른 정도전을 비롯하여 정인지, 신숙주, 최명길, 유성룡, 이항복이 쉽게 떠오르고, 그다음 다시 곰곰이 생각해 보면 황보인, 한명회, 박원종, 윤원형 정도가 떠오른다.

그러나 다음과 같은 학자나 문인들은 먹물만 좀 들어갔다고 하면 누구나 기억하고 있다. 문인 쪽을 보아 그들이 올랐던 최고 관직을 보면 정1품 좌의정의 송강 정철, 정3품 동부승지의 고산 윤선도, 종4품 수군만호의 노계 박인로, 정2품 좌참찬의 교산 허균, 정2품 대제학의 서포 김만중, 종3품 부사의 연암 박지원 등을 들 수 있다. 그리고 학자 쪽을 보면 종1품 좌찬성의 회재 이원적, 종2품 대사성의 주세붕, 정2품 대제학의 퇴계 이황, 정2품 대제학, 우참찬, 판서를 지낸 율곡 이이, 정3품 대사간의 고봉 기대승, 정1품 좌상의 우암 송시열 등을 들 수 있다.

문인이건 학자였건 이들 모두는 관직 때문이 아니라 그들이 남긴 글(문학)이나 학문세계로 말미암아 후세에 길이 남고 있다. 영의정을 지낸 사람은 한사람도 없다. 문인 쪽은 정철, 학자 쪽의 송시열만이 그나마 좌상을 지냈다. 그렇다면 100여 명의 조선조 영의정을 불과 10여 명 안팎 기억하고 있는데 그보다도 낮은 관직에 올랐던 사람 모두를 우리가 지금 기억하고 있는 것은 다름아닌 그들이 남긴 정신적, 문화적 족적이나 유산 때문이라는 점은 쉽게 드러난다.

남명선생의 경우도 마찬가지다. 선생은 중종조에 1번, 명종조에 5번, 선조조에 1번 도합 일곱 번이나 관직을 제수 받았다. 그러나 작정한 자기완성의 길이 있기에 모두 물리쳤다. 선조조에 내린 정4품 전첨이란 벼슬은 예외로 하고 가령 명종 재위시 선생 연치 54세 때에 내린 종 6품 단성현감 자리를 덥석 받았다고 가정해 보자. 아니 사후 선조조에 추증한 정3품 대사간 자리까지 올랐다고 가정해 보자. 아니 더 나아가 광해군 때에 추증한 영의정 자리까지 또 올랐다고 보자. 명상(名相)이 되지 않는 한 선생을 기억할 사람은 밤의 미일 것이다.

그러나 벼슬을 마다하고 오로지 일생을 학문과 제자 기르기에 전념한 그 결과가 다름 아닌 오늘의 남명을 있게 한 그 근거다. 이것이 바로 정신문화의 가치요 존귀성이다.

사실 우리는 이런 점을 너무 간과하고 현실의 실리주의에서만 생각해 누가 큰 자리를 하나 얻거나 부자가 되었다면 '출세했다'고만 해왔다. 그것은 지나고 보면 '반짝 출세'요 '반짝 광영'이니 모두가 문자 그대로 화무십일홍이다. 부나 직위, 권세란 당대의 일시적 사유재산에 지나지 않는다.

그러나 학문이나 예술 기타 정신문화는 공유재산이요 공유유산이 되기 때문에 영속성이 있다. 당대의 일시적 출세의 길과는 달리 오히려 영구한 출세의 길이 바로 여기에 있다 하겠다.

사실 출세개념의 범주에 드는 당대의 직위란 물러나면 그만이다. 대통령도, 장관도, 국회의원도 물러나면 '전'이고 '총장'도 물러나면 '전'이다. 그러나 정신문화나 예술문화의 타이틀은 '전'이 없다. 여기서 비록 보잘 것 없었던 본인의 조그마한 감투였지만 한국문인협회 부이사장 자리를 물러나니 '전'이다. 그리고 얼마 있지 않아 교수직도 물러나면 '전'이 될 것이다. 그러나 현재 본인에게 늘 따라 다니는 문학평론가란 타이틀은 지금은 물론 죽어서도 '전'자가 붙지 않는 그 타이틀 그대로일 것이다.

그렇다고 권력이나 직위 또는 부를 평가절하 하자는 논리는 결코 아니다. 그런 면도 물론 존중되어야 하겠지만 가령 정신적 작업이나 문화예술에서 상당한 업적을 쌓고 또 그럴 가능성이 있다면 당연히 '출세했다'는 외경심을 동등히 가져야겠다는 것이 본인의 속뜻이다. 지금은 힘없고 별 볼일 없는 것 같은 그들의 노력과 업적들이 오히려 후세에 정신적 유산이나 문화적 유산으로 남을 수 있다는 사실을 다시 한번 상기해 볼 필요가 있다는 뜻이다. 그들에게 '기(氣)'를 심어주어야 할 일이다. 그래야만 그들도 살맛이 생길 것이고 또 더욱 더 자부심을 갖고 자기 일에 충실하려고 노력할 것이다.

알다시피 15세기 이태리 문예부흥운동이 돈 많은 메디치가(家)의 적극적 보호아래 꽃이 피지 않았던가. 만약 메디치가의 사람들이 거부로서만 만족했다면 오늘날 '르네상스'란 말은 역사에서 아예 찾아볼 수 없게 되었을 것이다.

한마디로 정신문화나 예술문화에 종사하는 사람들을 당대에

'반짝 출세'한 사람들 못지 않게 귀히 여기고 존중해야 할 것이다.

  그래야만 앞으로 제2의 남명이, 제2의 고산 윤선도가, 제2의 추사 김정희 같은 사람들이 더 많이 태어나 우리의 정신문화나 예술문화를 더욱 살찌우게 될 것이다. (2000)

나이와 세월 감각

작년에 회갑을 맞이했다. 후배 문인들이나 문단 제자와 학교 제자들이 회갑 출판기념회 겸 조촐한 축하자리를 한 번 가져 보는 것이 어떻겠느냐고 했지만 별반 마음이 내키지 않았다. 기념 평론집만 한 권 내고 친인척끼리만 모여 조촐한 자리를 가지고 말았다.

회갑을 맞고 보니 어느새 회갑 나이가 되었는지 전혀 실감이 나지 않았지만 참 세월이 빠르다는 생각을 새삼 해보았다.

나이에 따라 세월 감각도 달라지나 보다. 50세 이전에는 세월이 빠르다는 생각을 전혀 해본 적이 없다. 그러나 50줄에 들고부터는 문득문득 세월이 빠르다는 생각이 들기도 했다. 3~4년 전의 일이다. 졸업식장에 참석하기 위해 일 년에 꼭 한 번씩만 입는 가운을 입다 보니 그날따라 문득 이제 앞으로 몇 번만 더 입으면 정년이 되는지를 셈해 보게 되었는데 이도 곧 세월이 많이 흘렀구나 싶은 나이 의식 때문에 나온 조건반사였다고나 할까.

특히 60줄에 들어서고 보니 세월이 흐르고 나이를 먹는다는 것이 더욱 싫다. 가는 세월을 붙잡아 두고 싶다는 안간힘인 양 여학생들에게 '젊은 오빠'라 불러달라고 너스레를 떨어 보기도 하고 또 젊게 보이려고 멋도 좀 부려 보기도 한다.

이제는 다소 익숙해져 있지만 몇 년 전 지하철 내에서 가벼운 충격을 받은 적이 있다. 자리에 어린애와 함께 앉아 있던 30대의 젊은 주부가 나를 힐끔 한 번 쳐다보더니 할아버지 앉으시게 자기 쪽으로 자리를 좀 당겨 앉으라는 소리를 들었을 때 순간 기분이 묘했다. 아저씨라면 몰라도 할아버지라니, 나이를 먹었다는 생각은 온데 간데 없고 순간 괘씸하고 서운한 생각만 들었다.

그러나 이제는 배짱이 생겨 간혹 여봐란 듯이 일부러 노약자석 앞에 서보기도 한다. 더러는 선뜻 자리를 양보해 주는 젊은이들도 보는데 기특하다는 생각도 들면서 한편으로는 이젠 나도 늙기는 늙었구나 라는 생각을 하게 된다.

사람의 마음이란 참으로 간사한 것 같다. 세월이 느리기만 하다고 느껴졌던 20대와 30대 그리고 40대에는 나이를 적게 봐주면 기분이 좋지 않았고 오히려 2,3세쯤 위로 봐주면 승급이나 한 것처럼 기분이 좋았다. 나이에 걸맞게 제법 '틀'이나 '폼'이 잡혔다 싶은 자기도취에서였다. 그리고 설사 상대방이 정확한 나이를 묻는다 하더라도 노상 2~3세쯤은 일부러 올려서 말하곤 했다.

　그런데 50대부터는 바꿔지기 시작했다. 세월도 빠르다 싶고 또 남이 젊게 봐주면 괜히 기분이 좋았고, 내 자신도 가불 나이가 아니라 현찰 나이를 대곤 한다.

　사실 20대와 30대 그리고 40대의 1년이나 50대와 60대의 1년을 물리적 시간으로 보면 꼭 같은 1년이다. 느린 것도 없고 빠른 것도 없다. 그런데 50세 이전에는 느리기만 했고, 50세 이후에는 빠르기만 하다는 생각은 곧 정신적 시간에서 온 세월 감각의 차이 때문이었던 것 같다.

　그래서 세월이 느리기만 했던 50세 이전에는 사람들이 나이를 많이 봐주면 기분이 좋았고, 반대로 세월이 빠르기만 했던 50세 이후부터는 나이를 적게 봐주는 것이 기분이 좋았다. 이것은 곧 남에게 비추어진 내 얼굴값에 대한 관심에서 온 심리적 나이 지수(指數)탓이다. 세월과 나이 감각의 관계는 느리면 빠르고 싶고, 빠르면 느리고 싶은 반비례의 심리적 메커니즘이 있는 것 같다.

　20세 전후일 때, 어른들이나 낯선 사람들이 내 나이를 좀 더 높이 봐주거나, 아니면 집안 어른들이 이젠 훤한 장부가 되었구나 하면 곧 어른이 된 듯 기분이 좋았다. 빨리 세월이 갔으면 했고, '조숙'했으면 했다.

　대학을 졸업하고 사회에 진출했던 20대에는 나이를 올려 봐주면 자부심마저 생겼다. 사회의 초년병이긴 하지만 '성숙'했고 틀도 잡혔구나 싶은 자신감에서였다. 20대는 누구에게나 희망과 꿈의 시절이고 그것의 현재 진행형의 시제가 아닌가. 지나고 보면 아무것도 아니지만 10년 후나 20년 후의 나의 모습을 상상해 보며 세월이 빨리 흘렀으면 했다. 30대에도 역시 나이를 높이 봐주면 좋았다. 내 얼굴과 내 나이에 비해 덤으로 보너스가 생겼다는 기분이었다. 낮게 보면 웬지 덜 옹골차고 덜 원숙했구나 싶은 생각이 앞섰기 때문이다. 30대는 20대의 연장으로서 현재 진행형 시제이기도 하고 도약과 전진의 시기가 아닌가. 이런 욕심에서 역시 세월이 빨리 갔으면 했다.

40대는 적어도 나에게는 좌절 반, 기대 반의 시절이었다. 인생으로 보면 중간결산기로서 현재완료 진행형의 시제라서 빨리 세월이 흘러 기대 반의 결과라도 빨리 보고 싶었고, 내 나이 이상으로 봐주면 이제 '완숙'해졌구나 싶었다.

그런데 50대에 들어서는 완전히 모든 것이 뒤바뀌었다. 세월이 빠르다는 느낌이 드니 나이도 적게 보면 난 아직도 싱싱하구나 싶었다. 인생으로 보면 50대는 살아온 인생의 어떤 결과가 가시화된 현재완료형 시제다. 그리고 살아온 날들에 일말의 미련도 있기 마련이다.

인생에 대한 불안과 조급함이 일기 시작할 나이가 아닌가. 그러다 보니 세월이 흐르는 것이 안타깝고 중년의식 특유의 초조감도 경험했다.

60대는 누구에게나 인생의 결산기요, 자기 정리를 통한 체념의 시기라고 여겨진다. 이제는 과연 앞으로 남은 날들이 나에겐 얼마일까를 헤아려 보게도 되는데 세월이 너무 빠른 것 같다. 빠른 만큼 나이를 젊게 봐주면 50대 때보다도 더욱 기분이 좋다. 한구석에라도 젊음이 아직도 남아 있구나 싶어 유쾌지수가 높아진다.

인생을 누가 도박이라 했다던가. 사실 그 도박의 결산이 과연 무엇일까 싶으면 마음이 수수롭고 허허하여 착잡하다.

하지만 체념이 명약인 것 같다. 인생은 60부터라는 말을 다시 한 번 위안으로 삼을 도리밖에 없지 않나 싶다. 이 말은 흘러가는 세월이 못내 아쉬워 찬란한 안간힘의 자위나 위안으로 해보는 말이겠지만 할 일을 찾아보면 또 할 일이 있다는 뜻으로 이해하고 싶다. 부족한 자기를 다시 한 번 간수하며, 가족들도 다독거리고 자기 주변도 둘러보라는 말이 아닐까도 싶다.

가는 세월이야 막을 수 없지만 아직도 나를 젊게 봐주는 사람들이 있으니 위안은 된다. 가능하면 나이를 잊은 채 젊게 살려고 노력해 볼 참이다. 지난 시절, 나이에 따라 나이를 가불해 가면서 남에게는 조숙, 성숙, 원숙, 완숙하다는 소리를 듣고 싶은 욕심을 부렸으니 이제는 어차피 노숙하다는 소리나 들어보고 싶다.

(1999)

나의 인생 나의 문학
- 60년의 길다면 긴 문학 여정 -

1. 문학인생의 조망

참 세월이 빠르다 싶다. 어느새 나이가 80대 중반을 향해 달리고 있다. 문단 등단도 내년(2021년)이면 만 60년이다. 중간 중간 가끔씩 게으름도 피웠지만 글을 놓지 않으려고 안간힘을 쓰며 쭉 매달려온 것만은 사실이다. 지금도 현역으로 살아 남으려고 노력하고 있다. 병고로 드러누워 있거나 중간에 집필활동을 그만 둔 사람들에 비하면 그래도 지금 나는 예외적인 축복이라 자위하며 감사하게 생각하고 있다.

이런 나의 문학인생은 크게 요약해 보면 딱 두 가지다. 문필활동과 문단활동이다. 문필활동이야 문사의 기본 활동이지만 그래도 과부족 없는 문단활동도 해두어야겠다고 생각하여 한국문인협회의 임원으로 참여한 것이 계기였다. 평론분과 회장 6년, 부이사장 3년을 맡아도 보았다.

그리고 평론분과 회장 시절에는 별도로 다른 장르에 비해 독불장군이나 다름없는 평론가들을 모아 친목단체로서 한국문학비평가회를 결성하여 잠시나마 친목을 나누어도 보았으며, 부이사장 시절에는 정말 뜻있는 일도 해보았다. 서울 25개 구 중 불과 6~7개 구 단위 문인회 밖에 없었던 시기인 1996년도에 강남문인협회를 결성하여 초대 창립회장도 맡아도 보았다. 오늘날 가히 전국 1위 지역문학단체로 성장한 이 단체를 보며 간혹 뿌듯한 자부심도 느끼곤 한다.

또 이런 활동 가운데서 특기해 볼만한 일이라면 문학 심포지엄이나 세미나 참여 건을 빼놓을 수 없다. 크고 작은 단체의 이런 행사에 주제 발표 40회에다 좌장 20여 회를 맡았던 것도 내 문학인생에서 빼놓을 수 없는 기록이다. 이는 꼭 내가 잘나서 있었던 소득이 아니다. 문단활동에서 맺은 인적 유대감에다 평론가란 유리한 점이 있었기에 가능했다.

그리고 나의 문필활동이라면 딱 두 가지이다 평론 활동과 수필쓰기였다. 남겨놓은 실적에 대해 욕심을 부리려면 한이 없지만 지금 그런 나름으로 자위하며 만족하고 있다. 다른 평론가나 수필가에 비해 활동량이 넘치지도 않고 부족하다 싶지도 않다. 곧 그 내용들을 대충 알아보도록 하겠다.

2. 평론가로서의 발자취

나는 문학을 학문적으로 연구한다는 이른바 강단비평가도 아니고, 문학사를 연구하는 문학사가도 아니다. 평생을 현장비평가나 실천비평가로서 제2선이 아닌 1선 비평가로 살아왔다. 당대에 살아있는 작가나 시인들 그리고 수필가들의 작품세계를 논한 작가론이나 시인론 그리고 수필가론을 쓰거나 작품론을 주로 썼다. 이 과정에서 개척해 본다는 의욕으로 현장소설론이나 새로운 시대에 맞는 수필론도 써보았다.

또 '지금'이란 발표의 즉석과 다름없는 생생한 문학현장에도 뛰어들어 보았다. 번거롭긴 하지만 모두가 힘들어하는 월평이나 계간평에도 약 30여 년간 참여하여 100여 편의 글을 남겼다.

결국 이런저런 여러 활동의 결과물로서 11권의 평론집을 갖게 되었다. 평론계에서 순수 평론집 10권 이상인 분이 거의 없는 일임을 생각해 보면 스스로 만족도 하고 있다. 이 중에서 평론 장르의 변별성으로 나누어 볼 수 있는 저서를 말해 보면 소설이론서 『한국소설의 위상』(이우출판사, 1982). 수필이론서 『새로운 시대 수필이론 다섯 마당』(교음사, 2009). 월평과 계간평집 『흘겨보기와 예쁘게 보기』(박이정, 1997), 평설집 『우리시대 대표시 50선 평설』(한누리미디어, 2017), 그 외에는 모두 종합평론집이다. 이 중에서 『반세기 한국문학의 조망』(푸른사상사, 2003)은 당시로 보아 40년간의 비평활동을 최초로 선집으로 묶어본 것이다.

 이 과정에서 내가 늘 관심을 가진 쪽은 학문적 연구의 강단 비평이 아니라 이론 비평과 실천 비평이란 제1선 비평이었다. 단적으로 나의 종합평론집 제명에서도 이를 쉽게 짐작해 볼수도 있다.『오늘과 내일의 우리문학』(1996),『전환기의 새로운 길 찾기』(1998),『한국문학의 전망과 새로운 세기』(2002),『변화하는 시대 우리문학 엿보기』(2008)등등이 이를 증명하고 있다.

 다음은 60년간의 비평활동중 주된 취급 대상이 된 장르를 시기별로 크게 3등분 하여 설명해 보겠다. 1기가 60년대라면, 2기는 70년대와 80년대이고, 3기는 90년대에서 오늘에 이르고 있다. 나의 초회 추천작품이「현대적 시인형」(현대문학,1961)이란 시론이어서 이를 기점으로 하여 1기에는 시론과 시인론을 제법 발표해 보았다.

 그러나 이렇게 시에 집중하다 보니 다소 진력이 나 옷을 바꾸어 입는 생각으로 70년대부터는 소설 평론에 손을 대보았다. 그 당시는 작가론이나 소설원론류의 평론만이 보이고 있기에 획기적인 소설론을 써본다는 의욕과 욕심으로 '한국소설론'이란 타이틀로 8~9편의 이른바 현장소설론을 써보았다. 도도하다고 소문난 2~3개 메이저 신문에 새롭다고 소개됨과 동시에 평단에서는 제법 화제꺼리가 되었다. 그 덕으로 난생 처음의 문학상인「현대문학상」도 타게 되었다.

또 이것이 계기가 되어 소설월평에도 깊이 관여하게도 되었다. 읽어내야 하는 중압감에다 발표시간에 쫓기면서도 이를 잘 극복하여 약 30년간 매달려 보았다. 한때 '소설전문평론가'란 소리를 들었으니 그것이 바로 보상이구나 싶어 위로로 삼았던 기억이 새롭다.

그러다가 90년대부터 수필이 중흥기를 맞고 있기에 수필비평에도 적극 동참하여 수필이론을 개진하며 더러 수필가론도 써보았다. 「서자(庶子)문학」, 「여기(餘技)의 문학」이란 신조어를 만들어 가며 이론적으로 현대수필의 위상 제고에 기여코자 했다.

3. 수필가로서의 발자취

수필은 평론과 함께 내 문학활동의 쌍생아요 쌍두마차인 셈이다. 지금껏 13권의 수필집을 내보았다. 만약 내가 평론가가 아니고 오로지 수필 전문이라 하더라도 과산급에는 속하지 않으리라 본다. 양으로 보아 다산급은 아닐지 모르지만 중상 이상은 된다 싶다. 그래서 나의 약력 소개에서 평론가에다 수필가란 호칭을 떳떳이 끼여넣고 있다.

사실 이런 수필쓰기는 신진 평론가로서 부산에 살고 있을 때로 거슬러 올라간다. 1964도에 부산 국제신문에 「회색의 자화상」(부제 한국인의 프로필)을 연재하면서 부터였다. 그 뒤 물론 더러 단발탄식 수필도 제법 발표했지만 오로지 나의 집중적 관심은 테마수필 쪽이었다. 기회가 있거나 올 때 신문이나 문학지에 연재로 내보냈다. 약간 힘은 들었지만 독자층을 확보할 수 있다 싶어 즐거운 마음으로 써보았다. 내 수필의 삼분의 이가 바로 그쪽인 셈이다.

가령 개인 경험과 시대상을 융합시켜본 자전수필, 한국인의 습관이나 사고방식을 다루어본 민족생활수필, 유행가를 통해본 세태수필, 여성들 이야기, 자연과 인문학 융합의 지적 서정수필, 나와 관련이 있었던 문단인 이야기, 문단풍속사, 직계 선조나 선대 이야기인 가계수필 등등이 바로 그 목록인 셈이다. 특히 일간「스포츠서울」이 백만부가 나갈 시기인 1989년도에「유행가에 나타난 세태」가 주 1회로 8개월 간 나가고 보니 얼떨결에 문학 독자 아닌 일반 대중들에게도 꽤 이름이 알려진 계기도 되었다.

4. 여담으로 끝을 맺으며

앞에서 이미 언급했듯이 평론집 11권, 수필집 13권이다. 이 24권에다 이 외에도 평전, 편저, 대담집, 기타를 합해 보면 약 40여 권은 된다. 이 과정에서 그때 그때 내놓을만한 이름의 큰 상도 서너 번 받았고, 연조에 따른 공헌상이나 공로상도 받아본 기쁨도 있다.

 이를 두고 어느 누가 나의 문학인생을 자평해 보라고 한다면 그렇게 성공한 인생은 아닐지 모르지만 그렇다고 실패한 인생은 결코 아니리라 본다. 문득 2004년도 나의 문단데뷔 43주년 겸 대학정년 기념식이 떠오른다. 그날 나는 무려 687 쪽에 달하는 기념문집을 봉정 받았다. 제목은 『반세기 한국문학의 도정』(부제 '청다 이유식의 문학과 인간')인데 오늘 따라 감회가 새삼 새롭다.

 그렇다면 건강이 허락하는 한 지금껏 퇴역문인이란 소리를 듣지 않았듯이 끝까지 현역으로 남고 싶은 욕심도 부려본다. 중무장급의 평론활동이야 이제는 언감생심이지만 그래도 가벼운 수필쓰기만은 부담이 없으리라 본다.

 펜을 놓으려 하니 문득 문학인생 중 아쉬웠던 일이 하나 떠오른다. 직업으로서 평생을 교사, 학원 원장, 교수를 거치면서 영어를 가르쳐 왔으니 이중부담이 되어 그간의 글쓰기에서 약간의 걸림돌이 된 것만은 사실이다.

 이런 중간에 4년제 대학으로 옮겨 문학을 가르쳐 볼까 하여 늦게나마 박사과정을 마쳐도 보았다. 결국 여러 조건이 맞지 않아 4년제는 포기하고 대신 현직의 영어교수에 만족하면서 대리보상으로 글이나 열심히 쓰자고 다짐하고 다짐했다. 그 다짐은 어느만큼 충족시켰다. 이런 사정도 있고 보니 2004년도 정년 후엔

홀가분한 기분에 더욱 새로운 각오로 다시 시작하여 그 부족 분은 충분이 보충시켰으니 오로지 아쉬움은 아쉬움일 뿐이다.

그렇지만 또 하나의 아쉬움은 있다. 서부 경남 출신에다 부산대 출신이다 보니 서울생활에서 지연이나 학연적 연고의 이렇다 할 덕을 보지못한 점이 아닐까 하고 상상도 해본다. 만약 이런 무형의 덕이라도 있었다면 나의 문단생활이 훨씬 쉬웠을 것이다. 이 모두 다 운명이요 팔자소관 아니겠는가.

2021년이면 어느새 문단 등단 60주년이 된다. 그 기념으로 일차로 평론과 수필을 합해 선집이나 한권 내볼까 하고 있다. 끝으로 그 동안 10여 차례 넘는 문학지와의 개인 대담에서 과분할 정도의 여러 별칭은 들어왔다. 하지만 다음과 같은 별칭만은 꼭 듣고 싶다. 퇴역이 아니라 '영원한 현역', '이론비평과 실천비평을 겸비한 1선 현장비평가' '수필이론과 테마수필의 개척자'란 별칭 말이다. (2021)

넷째마당

내 행복의 온상

절망을 극복하는 삶의 지혜

　내가 감명을 받았던 책 중의 하나는 미국의 여류작가 마카렛 미첼이 쓴 『바람과 함께 사라지다』이다.
　이 작품은 미첼 여사가 10년간 걸려 완성한 것으로, 발표전 그녀는 일개 무명의 가정주부에 지나지 않았다. 처음이자 마지막 작품이기도 한 이 작품이 처음 출간된 해는 1936년 즉 그녀가 36살이었을 때다. 출간과 동시에 선풍적 인기를 얻어 불과 1년 후에는 150만 부가 팔렸고 퓰리처상을 수상하기도 한 역작이다.
　여기에는 미국 역사상 최대의 시련인 남북전쟁과 전후의 재건상이 묘사되고 있으며, 이런 격변의 소용돌이 속에 휘말려 들어간 16세의 꿈많은 한 숙녀가 10여 년간 겪어야 했던 파란 많은 인생 드라마, 아니 사랑의 이야기가 흥미롭게 펼쳐지고 있다.
　주인공 스카렛 오하라는 아일랜드계인 아버지의 피를 받아 억센 기질을 지니고 있고, 흰 살결과 개성적인 미모에 자존심도 이

만저만이 아닌 숙녀로 등장한다. 여기에 귀족적인 남부의 교양과 문학적 소양을 지닌 애슐리가, 뛰어난 매력은 없지만 어딘가 우아하고 순진한 품위를 지닌 멜라니가, 그리고 모험을 좋아하고 남성적인 매력을 지닌 렛드 버틀러가 등장한다.

결국 중요한 스토리는 이들과의 관계에서 엮어지고 있다.

특히 내가 이 작품에서 감명을 받았던 점은 절망과 시련이 닥치더라도 결코 좌절하지 않고 오뚜기처럼 일어서는 주인공의 강인한 삶의 자세에 있었기도 하다.

주인공 스카렛은 이 작품에서 세 번 결혼을 하게 된다. 첫번째는 멜라니의 오빠인 찰즈와의 결혼이다. 어렸을 때부터 사모해 왔던 애슐리가 자기를 제쳐버리고 멜라니와 결혼한다는 것을 알자 홧김에 보란듯이 한 결혼인데, 남편은 군에 입대하자 곧 전사한다.

두번째는 돈의 필요성 때문에 여동생의 약혼자인 프랑크 케네디와의 결혼이다. 그도 정치결사에 가담했다가 피살되고 만다.

세번째는 전쟁을 돈벌이의 수단으로 보고 거금을 모은 야성적인 렛드 버틀러와의 결혼이다. 렛드는 처음부터 그녀에게 매혹되어 사랑하고 있었지만 그녀의 마음이 여전히 애슐리에게만 쏠리고 있음을 알게 되자 애슐리의 대역(代役)에 지쳐 그 사랑도 식어간다. 드디어 전기가 왔다. 스카렛이 애슐리에 대한 사랑이 자기만의 환영이었음을 깨닫고 또 렛드에 의해 비로소 여자로서의 행복을 알기 시작할 즈음, 렛드는 그녀 곁을 떠난다. 버림을 받고 절망을 느낀다.

그러나 그녀는 희망을 잃지 않고 새로운 운명을 향해 나아간다. 진실한 사랑에 눈을 뜬 그녀는 일단 고향 테라로 돌아가 무슨 수를 써서라도 떠나버린 렛드를 다시 돌아오게 해야겠다고 다짐한다는 내용이다.

보다시피 스카렛은 확실히 남편복이 없는 여자로 설정되어 있다. 두 남편을 차례로 잃었고, 렛드도 떠나갔고, 애인 애슐리도 떠나갔으니 어쩌면 기구한 팔자이기도 하다. 그리고 인생의 한 쉬운 해결책을 결혼을 떡 먹듯이 해치운 감도 든다.

그러나 장점도 있다. 어떤 시련이라도 극복할 수 있는 그녀의 무한한 재기의 힘일 것이다. 시련이 닥칠 때마다 울고 불고 하지 않고 [내일 생각하면 어떤 방법이 있겠지]라는 그녀의 여유와 그 불굴의 의지는 이른바 [절망은 없다]라는 삶의 좋은 교훈을 주고 있다.

이 책의 마지막 부분은 [모든 일을 내일 테라에서 생각하기로 하자. 그러면 어떻게 견딜 수 있을거야. 그 사람을 되찾을 수 있는 방법을 내일 생각하기로 하자. 내일은 내일의 해가 비치는 거야]로 끝나고 있는데 퍽 감동적인 데뉴망(대단원)이다.

사실, 인생을 살아가려면 크고 작은 불행과 시련 때문에 좌절과 절망에 빠질 수도 있다. 그러나 이럴때 필요한 것이 바로 삶에의 용기요 그 지혜이다. [내일이면 내일의 해가 비치는 거야]라는 이 독백이야말로 재기나 재출발을 암시하는 말이다. 이 명언 속의 인생의식이야말로 우리의 좌우명이 되어도 좋을 듯하다.

동시에 이런 자세를 가진 사람에게는 우리 유행가의 노랫말처럼 반드시 [쨍하고 해뜰날]이 돌아오리라 확신한다. 스카렛에게도 렛드가 돌아오는 날이 보장되어 있다고나 할까. (1990)

작은 꿈, 큰 꿈의 설계

[꿈]이란 단어에는 여러가지 뜻이 있다. 그러나 여기서 언급하고픈 [꿈]의 의미를 [희망]이나 [이상]에 한정시켜 보면 곧 [꿈을 가꾼다]라는 말은 [희망이나 이상을 가꾼다]라는 말과 통한다 하겠다. 그리고 이것을 세분해 보면 [희망]은 [작은 꿈] 이상은 [큰 꿈]과 통한다고도 말할 수 있을 것이다.

[작은 꿈]이란 생활인으로서의 소망이나 소원으로서 꿈인 동시에 단기 투자의 꿈이라 풀이할 수 있을 것이다. 이에 반해 [큰 꿈]이란 인생관이나 직업관에 뿌리를 둔 자아 실현의 꿈인 동시에 장기 투자의 꿈에 해당된다 하겠다.

이런 꿈을 미국의 경영학자인 동시에 사회심리학자인 머슬러(A.H.Maslow)가 주창한 인간의 욕구 5단계 설과 관련시켜 보면 더욱 흥미 있는 현상을 발견할 수도 있다.

[작은 꿈]이란 생활인으로서의 소망이나 소원으로서 꿈인 동시

에 단기투자의 꿈이라 풀이할 수 있을 것이다. 이에 반해 [큰 꿈]이란 인생관이나 직업관에 뿌리를 둔 자기실현의 꿈인 동시에 장기 투자의 꿈에 해당된다 하겠다.

이런 꿈을 미국의 경영학자인 동시에 사회심리학자인 머슬러(A.H. Maslow)가 주창한 인간의 욕구 5단계 설과 관련시켜 보면 더욱 흥미 있는 현상을 발견할 수도 있다.

머슬러에 의하면 인간들이 추구하는 욕구는 단계별로 1)생리적 욕구 2)안전의 욕구 3)소속및 애정욕구 4)존경의 욕구 5)자기실현의 욕구로 나타난다는 것이다.

그런데 굶주림,갈증,성,수면등의 충족과 관련이 있는 제1단계의 생리적 욕구는 우리가 말하고자 하는 [꿈]과는 관계가 없다. 반면에 제2단계의 욕구에서부터 제5단계의 욕구가 곧 [꿈]의 구체적 내용과 관련이 있다.

그리고 이것을 다시 [작은 꿈]과 [큰 꿈]으로 나누어 본다면 제2단계의 안전의 욕구, 제3단계의 애정의 욕구, 제4단계의 존경의 욕구가 [작은 꿈]으로 나타날 것이며, 제5단계의 자기실현 욕구는 [큰 꿈]에 해당될 것이다.

그런데 여기서 한 가지 간과해서는 안될 문제는 욕구의 단계란 높은 계층에 속하는 욕구가 활성화되기 위해서는 그보다 낮은 욕구들의 충족이 선결되어야 한다는 점이다.

그렇다면 우리는 여기서 명약관화한 결론을 얻을 수 있다. 그것은 곧 노상 [큰 꿈]만이 아니라 [작은 꿈]도 가져야 한다는 논리이다.

실로 인간에게 이런 크고 작은 꿈이 없다면 그 생활은 얼마나 삭막할 것인가. [꿈]이 인간에게만 부여된 특권이라 한다면 만약, 어느 누가 제1단계의 생리적 요구에만 급급하여 이른바 [배부른 돼지]로서 만족한다면 그것은 곧 특권을 포기한 금수의 생활과 그 무엇이 다르랴.

그렇다면 우리는 [작은 꿈]이건 [큰 꿈]이건 각자 나름의 [꿈]을 지니고 가꾸어야 함은 너무나 당연하다. 아니 [큰 꿈]도 키워나가야 마땅하다. 그리고 그 성취나 실현을 위해 부단한 노력을 해야 할 것인다.

[멋진 아내를 얻고 싶다] [아담한 집을 갖고 싶다] [좋은 직장을 얻고 싶다] [존경을 받고 싶다] 등 속의 [작은 꿈]은 웬만한 노력이면 성취할 수 있지만 자기실현의 [큰 꿈]의 성취는 실로 어렵고도 어려운 일이다. 그렇다고 [작은 꿈]의 성취에만 만족하고 만다면 그만큼 자기의 가능성을 포기해 버리는 격이 아닐까. 설사 인생의 결산기에 [황성옛터]의 노래말처럼 [끝없는 꿈의 거리를 헤메어 왔노라]라고 자탄의 회포에 휩싸이는 일이 있다 할지라도 [꿈]에의 도전은 누구나 시도해 봐야 할 일이다.

그리고 [큰 꿈]의 좌절이 비록 자기 앞의 현실로 나타나더라도 우리는 그것을 인생의 보편적 사실로 수용하는 도리밖에 없지 않겠는가. 차선책으로 [작은 꿈]의 성취라도 있다면 그것에 자위하고 만족하는 지혜도 가져야 할 것이다. 결과도 중요하지만 그 과정(노력)도 중요하다고 수많은 동소고금의 행복론자들이 누누이 말해 왔던 점을 우리는 상기해 보자. (1989)

내가 만드는 행복

행복이란 남이 주는 것이 아니라 자기가 만들고 자기가 스스로 얻는 것이다.

행복의 기본 조건은 있을지 모르지만 기본 조건 그 자체가 곧바로 행복이란 등식도 없다. 건강, 재산, 명예, 권력 등이 기본 조건은 될 수 있지만 건강하다고, 재산이 있다고 또 명예가 있다고 다 행복한 것은 아니다. 큰 재산이 없어도 또 명예나 권력이 없어도 행복하게 사는 사람들이 있다.

수많은 동서고금의 행복론자들은 [행복은 마음속에 있다] [행복은 만족에 있다]고 했으며 [자기 스스로를 행복하다고 생각하는 사람은 행복하다]고 한 영국 속담도 있다. 그래서 앙드레 모로아도 [이 인생이라는 것은 대체적으로 보아 행복한 것이 될 수 없음을 시인합니다만, 시야를 넓힌다면 행복한 것이 되지 않는 것도 아니며, 인생이 행복하냐 않느냐 하는 것은 어디까지나 우리 자신에게 달려 있는 것입니다]라고 적고 있다.

 사실 누구나 큰 행복만 생각하고 그것을 찾는다면 그 행복은 늘 [저산 저너머]에 있을 것이다. 자기이상의 실현이나 자아실현을 큰 행복이라 한다면 그것은 일생일대에 한번 있을까 말까 한 일이 아닌가.

 그렇다면 우리는 작은 행복이라도 찾는 노력을 게을리해서는 안 되리라 본다. [물 한 그릇의 행복]이란 말이 있듯이 평범하면서도 소박한 행복이라도 찾아야 할 일이다.

 작은 행복이라도 얻는 비결

 이런 나는 늘 행복하게 살려고 노력하고 있다. 큰 행복에 대한 기대감이 전혀 없는 바는 아니지만 작은 행복에라도 만족해 가며 밝게 살려고 의식적으로 노력하고 있다. 가만히 생각해 보면 한 번 밖에 없는 우리의 인생을 공연히 불행하다고 생각하며 살 필요가 없지 않겠는가. 행복이란 어차피 주관적인 것이니까 자기 나름의 각본을 쓰고 자기가 연출하며 자기가 주연하는 도리 밖에 없다.

 그래서 나는 첫째 수분(守分)과 지족(知足)의 철학을 생활신조로 삼고 있다. 수분이란 자기 능력의 한계를 자각하여 자기의 분수를 알고 자기의 분수를 지키라는 뜻이다. 어림도 없는 일에는 손을 대지 말라는 것이다. 그리고 지족이라 함은 스스로 만족할 줄을 알아야 한다는 것이다. 인간의 욕심은 한이 없다. 이 한없는 욕심을 채우려다 하다보면 늘 불만족이 따르기 마련이니 불행하기 쉽다. 자기 능력과 자기의 분수를 알고 스스로 만족할 줄 아는 사람만이 행복한 사람이다. 로망 롤랑도 [행복은 자기의 분수를 알고 그것을 사랑하는 것이다.]라고 했는데 그 점을 나는 늘 마음 속에 세기면서 살고 있다. 그리고 수분과 지족을 생각할 때면 나는 늘 공작과 종달새의 삶의 논리를 연상하곤 한다. 공작은 공작대로 종달새는 종달새 대로의 그 존재 의미와 그 삶이 있다. 공작은 아름다운 깃털을 자랑하고 있지만 목소리(노래)는 없다. 그리고 하늘을 날으는 재주도 없다. 그러나 종달새는 생김새는 볼품없지만 하늘을 자유롭게 날으며 멋진 노래를 한다.

   서로가 이렇게 장단점이 있다. 만약 수분과 지족을 모른다고 가상한다면 종달새는 공작의 깃털이 부럽고 반면에 공작은 종달새의 비상과 노래가 부러워 한시도 살 수 없는 노릇이다. 공작이 종달새의 흉내를 낼 수 없는 일이고, 종달새가 공작의 흉내를 낼 수 없는 일이다. 공작은 구속 속에서나마 깃털을 뽐내며 사는 데에서 행복을 찾아야 하고, 종달새는 비록 깃털이 아름답다고 자랑할 수는 없지만 구속보다 비상의 자유를 만끽하며 사는 데에서 행복을 찾아야 한다는 논리다.

역시 우리 인간들도 마찬가지다. 잘 된 사람이나 또는 자기보다 나은 사람과 늘 비교하면 불행하기 십상이다. 사실 위로만 비교하고 살려면 그 끝이 없다. 버트란드 러셀도 [행복의 정복]이란 책에서 [명예를 부러워하는 사람이라면 나폴레옹을 탐하고 부러워했을 것이다. 그러나 나폴레옹도 시저를 탐했고, 시저는 또 알렉산더를 탐하였다. 알렉산더도 분명히 실존의 인물도 아닌 허큘레스를 탐했음이 분명하다. 스스로 이루어 놓은 성공에 만족을 하지 않고 다른 사람의 더 큰 성공을 부러워한다는 것은 어리석고 무익한 것이다. 당신보다 더 큰 성공을 이룬 사람은 역사에나 전설에 허다하다]고 경고하고 있다.

  수분과 지족에서 작은 행복이라도 찾으려면 위(上)와의 비교는 금물이다. 늘 선망과 질투가 따르기 마련이니 편할 날이 없다. 행복은 마음속에 서려있는 수증기와 같은 것이라서 열을 받으면 곧 증발하는 속성이 있다.

  그래서 칼 힐티는 [이길 가망 없는 싸움을 걸지만 않으면 걱정이 없다. 세인의 존경을 받을 사람, 굉장한 세력이 있는 사람, 또는 명망이 높은 사람을 볼 때, 자기 상상으로 그들이 행복하다고 생각지 않도록 조심하여라. 모든 참다운 행복은 우리의 힘이 닿는데 있으므로 질투나 선망은 도대체 의미 없는 일이다]라고 충고하고 있다.

작은 행복이라도 자기것으로 만들려면 아래와 비교하여 아래를 보고 사는 지혜가 필요하다. 일종의 자기 최면술이라고나 할까.

나는 그렇게 살고 있다. 그러나 나에게도 한때나마 불행을 자초하며 살았던 시기가 있었다. 40대 초반에 무기력증에 빠진 적이 있다. 위로만 비교하다 보니 큰 재산도 모으지 못했고, 큰 출세도 못했으며 또 문인으로서 크게 이름도 내지 못했구나 싶으니 살맛이 없었다.

그런 어느날이었다. 생갈치를 한 묶음 지게에 매달고 얼큰하게 술이 취해서 청천이 떠나갈 듯 흥타령을 하며 언덕길로 올라가는 지겟꾼을 목격했다. 그때 문득 저런 것이 바로 지겟꾼의 작은 행복이 아닌가 싶은 생각이 떠올랐다. 지겟꾼도 저럴진대 내가 구태여 불행하다 할 이유가 없지 않는가라는 생각이 들었다. 자식이 있고 아내가 있으며 내 집이 있고 또 말석이나마 문인으로서 활동하고 있다 싶으니 용기가 되살아 나는 것만 같았다.

그 이후부터 나는 힘들고 괴롭다 싶으면 그 지겟꾼을 생각하며 삶의 용기를 충전시키고 [나는 행복하다]라는 최면술을 걸며 생활해 오고 있다. 그 지겟꾼이야말로 내 행복의 은인이요, 내 행복의 전령사라고나 해둘까.

그러나 내 나름의 행복을 유지하는 데에는 꼭 이런 방어막이 있어서만은 아니다. 수분과 지족도 좋으며 아래와의 비교도 좋은 방어막은 되지만 때론 체념이란 무기를 잘 구사해 오고 있다.

결정된 운명을 탓하고, 불평을 해 보았자 어떻게 할 수 없는 일은 할 수 없는 일로서 가능한한 빨리 그리고 깨끗이 체념해버리는 것이 현명한 일이었음을 여러 번 경험하다 보니 체념이 곧 내 행복을 지켜주는 더 없는 무기라는 점을 실감하고 있다.

그 한 예가 바로 박사학위 취득을 아예 포기해 버린 일이다. 나는 다른 일에 종사하다 늦게사 대학으로 옮겨갔다. 처음에는 그런 생각이 없었으나 1~2년이 지나고 보니 내가 아는 선후배들이 버젓이 4년제 대학에 자리를 잡고 있는데 하필 전문대학에 몸을 담고 있는구나 싶으니 마음이 편치 않았다. 그래서 4년제로 옮겨 볼까 하는 욕심이 생겨 박사 과정에 입학했다. 논문 제출만 남겨두고 모든 것을 3년 안에 끝맺음을 해 두었다. 그리고 나서 마음의 여유가 생겨 곰곰이 행각해 보았다. 서둘러 논문을 준비하고 또 심사를 받아야 할 일을 생각하니 스트레스가 쌓이기 시작했다. 그리고 학위 취득에 투자된 노력과 거기에 따른 스트레스 때문에 몇 년의 수명은 단축되었다는 우스개 아닌 우스개 소리도 들리고, 심지어 체력이 소모되어 죽은 사람도 있다는 소문이 들렸다. 다시 곰곰이 생각해 보았다. 나이 든 교수를 불러 줄 마땅한 곳이 없는 것을 안 이상 수료로 끝내고 학위취득은 포기로 마음을 굳히면서 체념하기로 작정했다. 이 체념에는 내 행복은 내가 지켜야겠다는 생각이 앞섰기 때문이라고나 할까. 차라리 학위가 없는 쪽이 현재의 전문대학에라도 만족하며 내 마음의 평화를 지킬 것 같아서였다. 학위를 갖고 보면 분명 자꾸만 4년제 대학 쪽으로 곁눈질 할 것이고 그러다 보면 마음만 상할 것이 뻔한 일 아닌가. 불행의 씨앗을 미연에 제거해 버렸으니 나는 지금 현재에 만족하며 내 행복을 보존하고 있는 셈이다.

아무튼 이렇게 보나 저렇게 보나 나의 생활에서 작은 행복이나마 느끼며 살 수 있도록 지탱해 주는 힘은 수분과 지족 그리고 아래로와의 비교와 체념이다. (1992)

작은 행복을 얻는 비결

나는 늘 행복하게 살려고 노력하고 있다. 큰 행복에 대한 기대감이 전혀 없는 바는 아니지만 작은 행복에라도 만족해 가며 밝게 살려고 의식적으로 노력하고 있다. 가만히 생각해 보면 한 번밖에 없는 우리의 인생을 공연히 불행하다고 생각하며 살 필요가 없지 않겠는가. 행복이란 어차피 주관적인 것이니까 자기 나름의 각본을 쓰고 자기가 연출하며 자기가 주연하는 도리 밖에 없다.

그래서 나는 첫째 수분(守分)과 지족(知足)의 철학을 생활 신조로 삼고 있다. 수분이란 자기 능력의 한계를 자각하여 자기의 분수를 알고 자기의 분수를 지키라는 뜻이다. 어림도 없는 일에는 손을 대지 말라는 것이다. 그리고 지족이라 함은 스스로 만족할 줄을 알아야 한다는 것이다. 인간의 욕심은 한이 없다. 이 한없는 욕심을 채우려다 하다보면 늘 불만족이 따르기 마련이니 불행하기 쉽다. 자기 능력과 자기의 분수를 알고 스스로 만족할 줄 아는 사람만이 행복한 사람이다. 로망 롤랑도 [행복은 자기의 분수를 알고 그것을 사랑하는 것이다.]라고 했는데 그 점을 나는 늘 마음속에 세기면서 살고 있다. 그리고 수분과 지족을 생각할 때면 나는 늘 공작과 종달새의 삶의 논리를 연상하곤 한다. 공작은 공작대로 종달새는 종달새 대로의 그 존재 의미와 그 삶이 있다. 공작은 아름다운 깃털을 자랑하고 있지만 목소리(노래)는 없다. 그리고 하늘을 날으는 재주도 없다. 그러나 종달새는 생김새는 볼품없지만 하늘을 자유롭게 날으며 멋진 노래를 한다.

서로가 이렇게 장단점이 있다. 만약 수분과 지족을 모른다고 가상한다면 종달새는 공작의 깃털이 부럽고 반면에 공작은 종달새의 비상과 노래가 부러워 한시도 살수 없는 노릇이다. 공작이 종달새의 흉내를 낼 수 없는 일이고, 종달새가 공작의 흉내를 낼 수 없는 일이다. 공작은 구속 속에서나마 깃털을 뽐내며 사는 데에서 행복을 찾아야 하고, 종달새는 비록 깃털이 아름답다고 자랑할 수는 없지만 구속보다 비상의 자유를 만끽하며 사는 데에서 행복을 찾아야 한다는 논리다.

역시 우리 인간들도 마찬가지다. 잘 된 사람이나 또는 자기보다 나은 사람과 늘 비교하면 불행하기 십상이다. 사실 위로만 비교하고 살려면 그 끝이 없다. 버트란드 러셀도 [행복의 정복]이란 책에서 [명예를 부러워하는 사람이라면 나폴레옹을 탐하고 부러워했을 것이다. 그러나 나폴레옹도 시저를 탐했고, 시저는 또 알렉산더를 탐하였다. 알렉산더도 분명히 실존의 인물도 아닌 허큘레스를 탐했음이 분명하다. 스스로 이루어 놓은 성공에 만족을 하지 않고 다른 사람의 더 큰 성공을 부러워한다는 것은 어리석고 무익한 것이다. 당신보다 더 큰 성공을 이룬 사람은 역사에나 전설에 허다하다]고 경고하고 있다.

수분과 지족에서 작은 행복이라도 찾으려면 위(上)와의 비교는 금물이다. 늘 선망과 질투가 따르기 마련이니 편할 날이 없다. 행복은 마음 속에 서려있는 수증기와 같은 것이라서 열을 받으면 곧 증발하는 속성이 있다.

그래서 칼 힐티는 [이길 가망없는 싸움을 걸지만 않으면 걱정이 없다. 세인의 존경을 받을 사람, 굉장한 세력이 있는 사람, 또는 명망이 높은 사람을 볼 때, 자기 상상으로 그들이 행복하다고 생각지 않도록 조심하여라. 모든 참다운 행복은 우리의 힘이 닿는데 있으므로 질투나 선망은 도대체 의미없는 일이다]라고 충고하고 있다.

작은 행복이라도 자기것으로 만들려면 아래와 비교하여 아래를 보고 사는 지혜가 필요하다. 일종의 자기 최면술이라고나 할까.

나는 그렇게 살고 있다. 그러나 나에게도 한때나마 불행을 자초하며 살았던 시기가 있었다. 40대 초반에 무기력증에 빠진 적이 있다. 위로만 비교하다 보니 큰 재산도 모으지 못했고, 큰 출세도 못했으며 또 문인으로서 크게 이름도 내지 못했구나 싶으니 살맛이 없었다.

그런 어느날이었다. 생갈치를 한묶음 지게에 매달고 얼큰하게 술이 취해서 청천이 떠나갈 듯 흥타령을 하며 언덕길로 올라가는 지겟꾼을 목격했다. 그때 문득 저런 것이 바로 지겟꾼의 작은 행복이 아닌가 싶은 생각이 떠올랐다. 지겟꾼도 저럴진대 내가 구태여 불행하다 할 이유가 없지 않는가라는 생각이 들었다. 자식이 있고 아내가 있으며 내 집이 있고 또 말석이나마 문인으로서 활동하고 있다 싶으니 용기가 되살아 나는 것만 같았다.

그 이후부터 나는 힘들고 괴롭다 싶으면 그 지겟꾼을 생각하며 삶의 용기를 충전시키고 [나는 행복하다]라는 체면술을 걸며 생활해 오고 있다. 그 지겟꾼이야말로 내 행복의 은인이요, 내 행복의 전령사라고나 해둘까.

그러나 내 나름의 행복을 유지하는 데에는 꼭 이런 방어막이 있어서만은 아니다. 수분과 지족도 좋으며 아래와의 비교도 좋은 방어막은 되지만 때론 체념이란 무기를 잘 구사해 오고 있다. 결정된 운명을 탓하고, 불평을 해 보았자 어떻게 할 수 없는 일은 할 수 없는 일로서 가능한한 빨리 그리고 깨끗이 체념해버리는 것이 현명한 일이었음을 여러번 경험하다보니 체념이 곧 내 행복을 지켜주는 더 없는 무기라는 점을 실감하고 있다.

그 한 예가 바로 박사학위 취득을 아예 포기해 버린 일이다. 나는 다른 일에 종사하다 늦게사 대학으로 옮겨갔다. 처음에는 그런 생각이 없었으나 1,2년이 지나고 보니 내가 아는 선후배들이 버젓이 4년제 대학에 자리를 잡고 있는데 하필 전문대학에 몸을 담고 있는구나 싶으니 마음이 편치 않았다. 그래서 4년제로 옮겨 볼까하는 욕심이 생겨 박사 과정에 입학했다. 논문 제출만 남겨두고 모든 것을 3년 안에 끝맺음을 해 두었다. 그리고 나서 마음의 여유가 생겨 곰곰이 행각해 보았다. 서둘러 논문을 준비하고 또 심사를 받아야 할 일을 생각하니 스트레스가 쌓이기 시작했다. 그리고 학위 취득에 투자된 노력과 거기에 따른 스트레스 때문에 몇 년의 수명은 단축되었다는 우스개 아닌 우스개 소리도 들리고, 심지어 체력이 소모되어 죽은 사람도 있다는 소문이 들렸다. 다시 곰곰이 생각해 보았다. 나이 든 교수를 불러 줄 마땅한 곳이 없는 것을 안 이상 수료로 끝내고 학위취득은 포기로 마음을 굳히면서 체념하기로 작정했다. 이 체념에는 내 행복은 내가 지켜야겠다는 생각이 앞섰기 때문이라고나 할까. 차라리 학위가 없는 쪽이 현재의 전문대학에라도 만족하며 내 마음의 평화를 지킬 것 같아서였다. 학위를 갖고 보면 분명 자꾸만 4년제 대학 쪽으로 곁눈질 할 것이고 그러다 보면 마음만 상할 것이 뻔한 일 아닌가. 불행의 씨앗을 미연에 제거해 버렸으니 나는 지금 현재에 만족하며 내 행복을 보존하고 있는 셈이다.

아무튼 이렇게 보나 저렇게 보나 나의 생활에서 작은 행복이나마 느끼며 살 수 있도록 지탱해 주는 힘은 수분과 지족 그리고 아래로와의 비교와 체념이다. (1992)

나의 행복보감,
러셀의 '행복의 정복'

　너나 할 것 없이 인생의 궁극적 목적은 행복의 추구에 있을 것이다. 행복이란 남이 주는 것이 아니라 자기가 만들고 자기가 스스로 얻는 것이다. 어차피 주관적인 것이니까 자기 나름으로 각본을 쓰고 자기가 연출하며 자기가 주연하는 도리밖에 없다. 1인 3역이 곧 행복추구의 기본 요체다.

　사람의 얼굴이 각자 다르듯이 행복의 실체 파악은 정말 어렵다. 그래서 행복의 기본 조건은 있을지 모르지만 기본 조건 그 자체가 곧바로 행복이란 등식은 없다. 건강, 재산, 명예, 권력 등이 기본 조건은 될 수 있지만 건강하다고 재산이 있다고 또 명예가 있다고 다 행복한 것은 아니다. 큰 재산이 없어도 행복하게 사는 사람들이 얼마든지 있다.

　흔히 '행복은 마음속에 있다' '행복은 만족에 있다'라는 말을 많이 들어왔지만 누구에게나 그것이 사실 크게 실감이 나지 않으리라 본다. 그래서 우리는 반드시 행복론에 관한 책을 읽을 필요가 있다.

이러한 책 중에서 내가 가장 감명을 받았던 책이 바로 버트란드 러셀경의 『행복의 정복』이다. 그동안 나의 삶에 시시각각으로 무한한 용기와 희망을 주기도 했다. 누구나 마찬가지이겠지만 인생을 살다 보면 기쁜 일보다는 크고 작은 좌절과 어려움을 당하기 일쑤다. 이럴 때 나에게 큰 용기와 위안을 준 것이 특히 이 책 속에 있는 몇몇 교훈적인 구절이었다.

이 책은 1930년에 출간되었는데 그때 러셀의 나이는 58세이었다. 이 책을 쓰기 전까지의 그의 일생은 꼭 행복했던 것만은 아니었다. 그의 영광 뒤에는 보이지 않는 고통과 좌절도 있었다. 조실부모하여 부모의 사랑을 모르고 성장했으며, 젊었을 때에는 인생에 대한 회의로 자살을 기도한 적도 있고, 22년과 23년의 영국 총선거에서는 노동당으로 입후보하여 낙선한 경험도 있었다.

이런 여러 가지 인생 경험을 한 그이기에 과학적 식견을 바탕으로 하여 자기의 경험과 주변 사람들의 인생 관찰을 통해 확증된 인생의 행복처방전을 내놓은 것이 바로 이 책인 셈이다.

러셀의 행복에 대한 접근방식은 곧 책명이 말해주듯 행복이란 가만히 있다고 찾아드는 것이 아니라 적극적으로 노력하여 쟁취

해야 된다는 점을 암시해 주고 있다. 그리고 그의 행복론은 추상적인 행복론이 아니라 평범한 생활인의 피부에 와 닿는 현실론적인 행복론인 것이 그 특징이다.

전체적인 내용의 짜임은 제1부와 2부로 되어 있는데 제1부「불행의 원인」편은 말하자면 행복한 생활을 저해하는 요소들의 그 진단편인 셈이고, 제2부「행복의 원인」편은 행복을 쟁취하는 그 처방전인 셈이다.

제1부에서 나에게 가장 감명스럽게 와 닿는 부분은 '경쟁심'과 '시기심'에 관한 것이었고 제2부에서는 '체념'에 관한 것이었다.

그는 지나친 경쟁심이나 시기심을 멀리 하라고 충고하고 있다. 이런 생각에만 사로잡혀 있다 보면 불만족이란 심리적 장애를 일으켜 불행해진다는 것이다. 그리고 생활을 위해 또는 생존경쟁에서 이기기 위해 노력을 계속하다가 그 성패를 운명에 맡길 줄 아는 체념과 같은 지혜를 가져보면 행복해질 수 있다고 말하고 있다.

이 책을 읽고 난 이후 나의 경험으로 미루어 보아도 사실 그랬다. 이기심에서 경쟁을 하다 보면 헐뜯고 싸우기 마련이므로 인생을 즐길 수 없게 되고 동시에 신경도 피곤해지기 마련이다. 가령 '경쟁심'에서 명성과 권력을 잡아야 한다고 생각한다면 그것도 불행의 근원이다. 성공이란 어느 정도 행복을 증진시키는데 도움은 되지만 성공 자체가 곧바로 행복이 아님은 분명하다. 성공을 거두기 위해 그 밖의 행복의 요소들을 희생시킨다면 결코 행복한 인생이라고 말할 수 없지 않은가. 그리고 시기심도 불행의 큰 요인이다. '시기심'이 강한 사람은 남에게 불행을 입히려고 하며 또 그 시기로 인해 자기 자신까지도 불행에 빠질 수도 있다. 자기가 가지고 있는 것에서 즐거움을 찾지 않고 다른 사람이 가지고 있는 것을 시기하다 보면 고통을 받게 되기 마련이다.

 특히 이런 점을 고려하여 나는 결혼 주례를 맡을 때면 주례사에서 늘 러셀경의『행복의 정복』을 반드시 읽어보라고 권유한다. 그리고 인생경영의 몇 가지 주의사항을 당부하면서 자기 행복을 위해서라면 지나친 경쟁심과 시기심도 버리라고 충고도 한다. 그 처방이 바로 '분수 지키기'와 '만족을 아는 것'이라고도 일러둔다. 인간의 욕심은 한이 없다. 이 한없는 욕심을 채우려 하다보면 늘 불만족이 따르기 마련이니 불행하기 쉽다. 자기 능력과 분수를 알고 스스로 만족할 줄 아는 사람만이 행복한 사람이 아닌가. 그래서 나는 한술 더 떠 곧잘 공작과 종달새의 비유를 들기도 한다. 공작은 공작대로 종달새는 종달새대로의 그 존재의미와 그 삶이 있지 않은가. 공작은 아름다운 깃털을 자랑하고 있지만 목소리(노래)는 없다. 그리고 하늘을 나는 재주도 없다. 그러나 종달새는 비록 볼품은 없지만 '동창이 밝았느냐 노고지리 우짖는다.'라는 남구만의 시조에서처럼 하늘을 자유롭게 날며 멋진 노래를 선사한다.

　서로가 이렇게 장단점이 있다. 만약 수분(守分)과 지족(知足)을 모른다고 가상한다면 종달새는 공작의 깃털이 부럽고 반면에 공작은 종달새의 비상과 노래가 부러워 한시도 행복해질 수 없는 노릇이다. 공작이 종달새의 흉내를 낼 수 없는 일이고 종달새가 공작의 흉내를 낼 수 없는 일은 자명한 이치다. 공작은 우리 안의 구속 속에서나 깃털을 뽐내며 사는 데에서 행복을 찾아야 하고 종달새는 비록 깃털이 아름답다고 자랑할 수는 없지만 구속이 아니라 비상의 자유를 만끽하며 사는 데에서 행복을 찾아야 한다는 것이 나의 논리이다.

　역시 우리 인간들도 마찬가지다. 잘된 사람이나 또는 자기보다 나은 사람과 늘 비교하면 불행하기 십상이다. 사실 위로만 비교하고 살려면 그 끝이 없다. 그래서 러셀도 '명예를 부러워하는 사람이라면 나폴레옹을 부러워하고 탐했을 것이다. 그러나 나폴레옹은 시저를 탐했고 시저는 또 알렉산더 대왕을 탐하였다. 알렉산더도 분명히 실존의 인물도 아닌 허큘리스(헤라클레스)를 탐했음이 분명하다. 스스로 이루어 놓은 성공에 만족을 하지 않고 다른 사람의 더 큰 성공을 부러워한다는 것은 어리석고 무익한 것이다.'라고 일침을 놓기도 한 점을 우리는 반성적으로 받아들일 필요가 있으리라 본다.

  그리고 또 하나 주례사에서 빠뜨리지 않는 말은 러셀이 지적해 준 바와 같이 '체념'의 지혜를 배우라는 점이다. 결정된 운명이나 정성은 다했으나 나타난 결과가 좋지 않을 때 운명이나 결과를 탓하고 불행하다 해 보았자 되돌릴 수 없는 일이라면 가능한 한 빨리 그리고 깨끗이 체념해 버리고 잊는 것이 상책이다. 운명의 수용이나 운명과의 화해는 곧 오늘의 불행을 극복하며 내일에의 희망을 기약할 수 있는 원동력이 될 수도 있다.

  불행하다 생각하면 누구나 불행해질 수밖에 없다. 설사 불행하다 싶어도 체념하고 내일에의 희망과 기대로 살고 볼일이다. 조그마한 일에서나마 행복을 찾는 노력을 게을리 해서는 안되리라 본다. 불행하다고 생각해서 그것이 행복으로 바뀌어지지 않는 이상 가능한 한 우리는 행복쪽을 향해 가슴을 열고 살고 볼일이란 점이 행복론을 읽으면서 얻은 나의 좌우명이요 결론이다.

(1999)

기다림의 인생론

구한말에 조선의 선교사로 왔었던 제임스 게일이 쓴 「코리언 스케치」라는 책을 보면 조선에는 왜 그렇게 서두르는 뜻의 말이 많은지 통 모르겠다면서 '어서-급히-얼른-속히-빨리-잠깐-바빠-즉시-날래-냉큼' 등은 자기가 여행 중에 자주 들을 수 있었던 말의 목록이라고 적고 있는 부분이 나온다.

적어도 그 당시로 봐서는 조선 사람들의 성질이 하나 같이 성급해서 이런 말을 자주 입에 올린 것은 아니다. 은근과 끈기가 한국인의 민족성으로 그 맥이 이어져 오던 시대였던 만큼 오히려 이 말은 상대방의 지나친 천하태평성을 질타하거나 굼뜬 행동을 재촉하는 말로 쓰이고 있었음을 쉽게 추측할 수 있다.

그러나 시대의 흐름과 변화에 따라 이제는 이런 말들이 우리 국민성의 조급성을 나타내 주는 말로 뒤바뀌고 말았다. 해외여행의 자율화와 함께 많은 사람들이 해외여행 러시를 이루고 있을 때,

특히 동남아 여행지에서 얼마나 많은 사람들이 자주 '빨리 빨리'란 말을 입버릇처럼 말했는지 그곳의 웬만한 숙박업자나 음식점 종업원들은 물론 택시기사들까지도 다른 한국어는 몰라도 '빨리 빨리'라는 말은 익히 알고 있더라는 것이다.

그리고 그 후 소련 여행이 가히 러시를 이루고 있을 때도, 그곳에 가서 얼마나 '빨리 빨리'라고 재촉을 했던지 한국 사람들을 '미스터 빨리빨리'라고 부른다는 소식이 전해진 바 있다.

조급해서 참고 기다리지를 못한다는 단적인 예들이다.

기다림은 미덕이요 기다림은 너그러움이다. 때를 기다려 보고 순서를 기다려 보는 것이야말로 인생을 순리대로 사는 생활태도요 올바른 사회규범이나 질서를 따르는 의(義)와 예(禮)의 실천이다.

그런데 어느 사이에 우리는 기다릴 줄 모르는 국민이 되고 말았다. 거위가 진주알을 집어삼켰다면 똥 속에 섞여 나오기를 기다려 보는 자세가 아니라 당장 배를 갈라서 진주알을 끄집어내어야만 직성이 풀릴 정도로 조급해졌다고나 할까.

여기서 우리는 조선조 초기인 태종과 세종 때에 재상을 지낸 윤회(尹淮)에 얽힌 이야기를 잠시 생각해 볼 필요가 있다. 다음은 그가 아직 관직에 들기 전 젊었을 때의 이야기이다. 그가 시골길을 가다 어느 주막의 추녀 밑에서 하룻밤을 지나게 되었다. 그때

마침 주인집 아이가 큰 진주알 하나를 갖고 마루에서 놀고 있었는데 그 진주알이 마당에 떨어지는 순간 거위가 그만 집어 삼켜버렸다. 아이는 그 진주알을 찾아보았으나 찾을 수 없자 아버지에게 찾아 달라고 했다. 그도 헛수고만 했다. 그러자 그 주인은 윤회를 의심하면서 그를 범인으로 몰아 기둥에다 묶어 버렸다.

그때에 "저 거위도 내 곁에 묶어 주시오."라고 요청하자 주인은 의아스럽게 생각하면서 그의 말대로 했다. 다음날 아침이 되자 거위가 똥을 쌓는데 그 속에 진주가 있었다.

주인은 사죄를 하면서 그 이유를 물었다.

"만약 내가 어제 본 것처럼 거위가 진주알을 먹었다고 말했다면 성급한 당신은 그 거위를 죽이고 배를 갈라서 그 진주알을 찾았을 것이오. 애꿎은 짐승을 죽이게 하느니 내가 하룻밤을 고생하는 편이 좋지 않겠오."라고 답했다. 윤회의 이 말을 들은 주인은 크게 뉘우치며 그의 너그러움에 탄복했다.

이 이야기를 통해 우리는 만사를 처리함에 있어 순리에 따르려면 기다려보는 여유도 보여주어야 한다는 교훈도 얻을 수 있다.

뿐만아니라 나폴레옹이 러시아를 침공할 당시 러시아군 총사령관이었던 쿠투조프 장군이 취한 행동에서도 큰 교훈을 얻을 수 있다.

60만의 나폴레옹 군대가 4개월 만에 모스크바 근교에 도착하자 선뜻 모스크바를 내어주고 후방으로 후퇴한 그는 때를 기다렸다. 대결전의 각오로 모스크바에 입성한 나폴레옹이나 그 군대는 러시아군의 그림자도 찾아볼 수 없고 온통 텅 빈 채 불타고 있는 도시만을 바라보고 있었다. 기다려도 기다려도 러시아군의 응전이 없었다.

한편, 후방으로 후퇴한 노장군은 낮에 곧잘 꾸벅꾸벅 졸기만 했다. 러시아 황제나 젊은 장군은 그의 무능을 탓했다.

그러나 그에겐 호시탐탐 때를 기다린다는 계책이 있었다. 공세를 취하면 질뿐이라는 것을 이미 간파한 그는 "인내와 시간, 시간과 인내, 사과도 익으면 떨어진다"는 말을 되뇌이며 기도만 하고 있었다.

어느덧 10월이 되어 겨울이 찾아들었다. 추위와 굶주림 그리고 풍토병에 걸려 병사들이 죽어 가자 나폴레옹은 꿈에도 그리던 러시아 정복을 포기한 채 퇴각 명령을 내렸다.

드디어 그가 예상했던 보고가 들어왔다. 상처를 입고 달아나는 짐승을 뒤에서 쫓기만 해서 러시아 땅에서 몰아내는 것이 그의 전술이었다. 그리고 그는 러시아를 구했다.

여기서 만약 쿠투조프장군이 인내로서 시간을 벌면서 때를 기다리지 않고 모스크바 탈환을 위해 전면공격을 했다면 군사적으로 약세에 있었던 러시아군은 대패를 했을 것이고 드디어 러시아를 나폴레옹에게 넘겨주는 패장의 신세가 되고 말았을 것이다. 그를 구하고 러시아를 구한 힘이 바로 그의 인내심과 기다림이었음을 상기해 볼 필요가 있다.

기다림이 어떤 일의 경영이나 사회의 운활유라면 조급함은 독이요 악이며, 무질서의 온상이다. 때와 순서를 기다리지 못한 갖가지 증후군이 한 개인의 삶이나 사회를 좀 먹고 있음을 본다. 벼락출세와 벼락부자의 꿈, 표를 사거나 차 잡기에 있어서의 새치기풍속, 추월과 난폭운전 등이 모두 조급함에서 나온 증후군들이다.

비단 이뿐만 아니다. 차를 잡아 탈 때만이 아니라 내릴 때에도 마찬가지이다. 순서를 기다려 차례로 내려야 할 텐데 그저 입구로 우르르 몰려나온다. 심지어 해외여행객들이 비행기내에서 촌극을 벌린 일도 비일비재하다. 비행기가 계류장에 들어가 완전히 멈추기도 전에 무엇이 그렇게도 급한지 미리 수화물을 챙겨 출구 쪽으로 몰려 나가는 것을 자주 본다.

어느 외국인이 말하기를 한국인들은 사탕을 먹을 때 천천히 빨아먹는 것이 아니라 바싹바싹 씹어 먹는 것만 보아도 조급하다고 했다던가.

조급성을 달래자. 인내심도 길러 보자. 기다림을 인생이나 생활의 미학으로 삼아도 보자. (1992)

쿠투조프 장군의 교훈

너와 나 할 것 없이 사람들의 마음이 점점 조급해져 가고 있다. 동남아나 구 소련을 여행한 한국 여행객들이 얼마나 자주 '빨리 빨리'란 말을 입버릇처럼 했기에 한국인들을 접해 본 현지인들이 제일 먼저 배우는 말이 다름 아닌 '빨리 빨리'라 하지 않았던가.

뿐만 아니라 그동안 사회 각층의 이익집단에서 분출되어진 요구사항만 보아도 한꺼번에 욕구 충족을 시켜 달라는 조급성 일변도였다. 너무 울지 않는 것도 탈이긴 하지만 너무 자주 우는 것도 탈이다.

이런 조급성을 달래고 조급성을 제어할 수 있는 유일한 처방이 바로 참음과 기다림이다.

기다림은 미덕이요 기다림은 너그러움이다. 때를 기다려 보고 순서를 기다려 보는 것이야말로 인생을 순리대로 사는 생활태도요, 올바른 사회규범이나 질서를 따르는 의(義)와 예(禮)의 실천이다.

 그런데 어느 사이에 우리는 기다릴 줄 모르는 국민이 되고 말았다. 거위가 진주알을 집어삼켰다면 배설물 속에 섞여 나오기를 기다려 보는 자세가 아니라 당장 배를 갈라서 진주알을 끄집어내어야만 직성이 풀릴 정도로 조급해졌다 고나 할까.

 여기서 우리는 만사를 처리함에 있어 순리에 따르려면 기다려 보는 여유도 보여 주어야 한다는 또 하나의 교훈을 나폴레옹이 러시아를 침공할 당시 러시아군 총사령관이었던 쿠투조프 장군이 취한 행동에서도 찾아볼 수 있다.

 60만의 나폴레옹 군대가 4개월 만에 모스크바 근교에 도착하자 선뜻 모스크바를 내어주고 후방으로 후퇴해 그는 때를 기다렸다. 대결전의 각오로 모스크바에 입성한 나폴레옹이나 그 군대는 러시아군의 그림자도 찾아볼 수 없고 오로지 러시아군의 초토화 전술에 의해 온통 텅 빈 채 불타고 있는 도시만을 바라보았을 따름이었다. 기다려도 기다려도 러시아군의 응전이 없었다.

 한편 후방으로 후퇴한 노장군은 낮에 곧잘 꾸벅꾸벅 졸기만 했다. 러시아 황제나 젊은 장군은 그의 무능을 탓했다.

 그러나 그에겐 호시탐탐 때를 기다린다는 계책이 있었다. 공세를 취하면 질뿐이라는 것을 이미 간파한 그는 '인내와 시간, 시간과 인내, 사과도 익으면 떨어진다'는 말을 되뇌이며 기도만 하고 있었다.

어느덧 10월이 되어 겨울이 찾아들었다. 추위와 굶주림 그리고 풍토병에 걸려 병사들이 죽어 가자 나폴레옹은 꿈에도 그리던 러시아 정복을 포기한 채 퇴각 명령을 내렸다.

드디어 그가 예상했던 보고가 들어왔다. 상처를 입고 달아나는 짐승을 뒤에서 쫓기만 해서 러시아 땅에서 적을 몰아내는 것이 그의 전술이었다. 그리고 그는 러시아를 구했다.

만약 여기서 쿠투조프 장군이 인내로써 시간을 벌면서 때를 기다리지 않고 모스크바 탈환을 위해 전면공격을 했다면 군사적으로 약세에 있었던 러시아군은 대패를 했을 것이고, 결국 러시아를 나폴레옹에게 넘겨주는 패장의 신세가 되고 말았을 것이다. 그를 구하고 러시아를 구한 힘이 바로 그의 인내심과 기다림이었음을 상기해 볼 필요가 있다.

기다림이 어떤 일의 경영이나 인간관계 나아가 사회의 윤활유라면 조급함은 독이든 약이며 무질서의 온상이요 불화의 불씨다.

어느 외국인이 말하기를 한국인들은 사탕을 먹을 때 천천히 빨아먹는 것이 아니라 와삭 와삭 씹어 먹는 것만 보아도 조급하다고 했다던가.

여기서 우리는 좋은 의미에서 중국인들의 '만만디(慢慢的)'라는 '천천히' 정신을 교훈 삼아 음미해 볼 필요가 있다.

중국인들은 느리다. 여기에는 그 나름의 배경이 있다. 중국은 넓어 남북한을 합한 한반도의 약 44배나 되는 땅이다. 넓은 땅에 살다 보니 자연히 국민성도 영향을 받아 서두르지 않는다.

그래서 '천천히'라는 말은 거의 일상용어가 되어 있다. 헤어질 때의 인사가 '만쪼우'(慢徒: 천천히 가세요)이고, 식당에서 요리를 내오면서 하는 말이 '만만츠'(慢慢吸: 천천히 드세요)다. 어쩌다 부탁받은 일을 약속 날짜까지 못 해도 대개 '메이 꽌시 만만 라이'(投淵係: 慢慢來: 괜찮아요, 천천히 하세요)라고 말한다.

세월아 네월아 하고 마냥 꾸물대고 마냥 기다리는 것은 금물이겠지만 확실히 우리의 '빨리 빨리'의 조급성에다 '만만디'의 추 한 개쯤은 달 필요가 있을 것 같다. 특히 졸속공사로 인한 대형사고를 자주 접하고 보니 더욱 그런 생각이 든다고나 할까. (1992)

내 속에 살아 있는 남명(南冥)

　나의 관향은 합천이고 우리 집안은 이른바 '지리산 연원 48가' 중의 하나다. 나의 13대조 日新堂 李天慶 할아버지가 남명선생의 직계 문인이다. 1538년에 태어나 1610년에 돌아가셨으니 꼭 스승의 연세만큼 사시다 가셨다. 현재의 산청군 단성면 원당마을에 사시면서 일찍부터 과거에는 뜻을 두지 않고 처사로서 덕계 오건, 수우당 최영경, 동강 김우옹, 한강 정구와 같은 제현들과 교분을 가지며 학문과 후진들을 가르치는 데에만 전념하였다. 조정으로부터 두어 번 출사 권유도 받았으나 모두 물리쳤고, 사후에는 이조참판으로 증직 되었다.

　생전 39세 때는 남명선생이 돌아가신 지 5년이 되던 해(1576년)인데, 그 해 같은 문인이었던 최영경, 유송지, 성여신, 이조, 손천우, 하응도, 하항 등과 더불어 덕천서원 건립을 의논했으며, 덕천에 남명선생의 祠宇를 세우기도 했다.

평생을 처사로서 보낸 셈인데 이는 아마도 선생의 영향을 깊이 받았지 않나 싶다.

그러나 이 할아버지의 증조부, 조부, 부는 이렇다 하게 높은 관직은 아니었지만 3대가 모두 벼슬길에 올랐었다. 증조부는 중종조의 문신 晦齊 李彦迪과 동시대의 사람으로서 홍문관 교리를 지낸 바 있다. 이름은 李迪이었다. 이언적의 이름도 처음에는 이적이었던 모양인데 두 문신의 이름이 공교롭게도 같은지라 왕이 혼동을 피하기 위해 벼슬길에 먼저 오른 내 할아버지의 이름은 그대로 두고 이언적의 이적이란 본 이름에 '彦'자를 넣어 부르라고 하명했다는 일화가 '회재연보'에도 나와 있다.

조부 李圖南은 동래도호부사, 병조참판을 지냈고, 아버지 李光前은 승문원 저작으로 일찍 별세했다. 그리고 아들, 손자, 증손자들도 모두 벼슬길에 올랐었다.

이렇게 3대의 직계 윗 분들과 자손들이 벼슬길에 올랐음에도 끝내 처사로서 일생을 보낸 사정에는 아마도 선생의 영향이 있었음을 쉽게 짐작해 볼 수 있을 것 같다.

아무튼 이런 연고로 나의 집안이 예로부터 세칭 '지리산 48가'에 속해 왔고 이런데다 나 자신도 출생과 성장권이 서부 경남인지라 환경적으로 자연 어릴 때부터 남명선생의 이야기를 종종 들으면서 자랐다. 할아버지나 아버지에게 서라기보다 주로 할머니를 통해서였다.

내가 태어난 곳은 산청군 청현리이고 곧 진주로 이사를 가서 4~5세까지 그곳에서 자랐으며, 대동아전쟁이 일어나자 해방 2년 전에 하동군 옥종면으로 다시 이사를 가 거기서 초등학교를 다녔다.

그 시절 간혹 방학 때에 할머니가 고향마을 청현에 가실 때면 나와 삼촌들을 데리고 다니시곤 했다. 해방 후 그리고 6·25 이전이라 마땅한 교통편이 없다 보니 주로 걸어서 고향 길에 올랐다. 옥종에서 칠정, 남사리, 단성, 원지를 지나 청현에 이르는 50리 길이었다.

단성쯤에 이르러서는 목화씨를 그곳에 시배했다는 문익점 이야기도 들었고 또 임란시 이 지역에서 홍의를 입고 신출귀몰로 일본군의 간담을 서늘케 했다는 의병장 곽재우 이야기가 너무나 흥미진진해서 할머니의 치마꼬리에 바싹 달라붙었던 기억이 새롭다.

뿐만 아니라 남명선생에 관한 이야기도 자주 듣곤 했다. 큰 학자로서 경상 좌도에 퇴계, 우도에 남명이 있었고 퇴계는 벼슬길에 나갔으나 선생은 끝내 벼슬길에 나가지 않았다는 이야기며, 초야에 묻혀 은일만 한 것이 아니라 필요시는 위험을 무릅쓰고도 두 임금(명종과 선조)에게 세상이 잘못되어 감을 통탄하는 우국

충정의 글을 올리는 꼿꼿한 기개를 보여 주었음은 물론 청빈하게 살면서도 곧고 의롭게 살았기에 사후 임진란이 일어나자 이를 본받은 많은 문인들이 목숨을 아끼지 않고 의병활동의 선봉에 섰었다는 이야기도 들었다.

그 후 진주고등학교 시절, 고전문학 시간에 처음으로 선생의 시조 2수를 접할 수 있었고 몰랐던 선생의 행적에 관한 몇 가지 이야기도 알게 되었다.

그 후 나는 선생에 관해 더도 덜도 알지 못했다. 신식 공부를 한답시고 외지를 떠돌고 또 외지에서 직장생활을 하랴, 틈이 나는 대로 평론 활동을 하려다 보니 나의 관심에서 저절로 멀어질 수밖에 없었다.

그러다 40대에 이르러 비로소 깊이 알게 된 계기가 있었다. 나는 집안의 7대 종손이다. 외지 생활만 해 온 내가 자칫하면 '돌놈'이 될 것 같아 집안의 뿌리를 좀 더 자세히 알려고 하다 보니 자연 남명선생을 다시 만나게 되어 자세한 행적과 학문세계 그리고 시문학의 세계를 어느 만큼은 깊이 알게 되었다.

그로부터 지금까지 나는 가능하면 '남명식 삶'을 살려고 은연중 노력도 해 보았다. 허명과 명리를 쫓아 권세에 아부하거나 아세곡필을 해서는 안 되겠다는 생각도 해보았고, 설사 사정이 어렵고 딱하더라도 남의 신세를 져서는 안 된다는 자조적 결백성을 고

수도 해 보았으며 또 손해를 보고 불이익을 당하는 한이 있더라도 옳은 일이라면 의롭게 생각하고 의롭게 행동해야 한다는 선생의 가르침이 떠오르곤 해 세속적으로는 더러 손해도 본 적이 있었는데 지금도 그것을 떳떳이 여기고 있다.

이런 나의 생각과 행동은 물론 근원적으로는 나의 가치관이나 성격에서도 기인하였겠지만 크게는 나의 핏줄 속에 흐르고 있는 남명정신이 있었기 때문이다. 이런 내가 재작년에 '남명문학상 본상'을 받게 되었으니 선생과의 인연은 대를 이어 연결되었다 싶었고 또 그 감회 역시 남다를 수밖에 없었다.

사실 비평가로서 40여 년간 문단활동을 해 오는 과정에서 몇 번의 크고 작은 상을 받은 경험은 있었지만 '48가' 후손의 한 사람으로서 또 그것도 공교롭게도 갑년의 축하 겸 선물인양 나의 갑년에 받고 보니 그 감회가 더욱 남다를 수밖에 없었다.

이런저런 사정으로 남명 정신은 내 속 깊이 살아 있고 숨 쉬고 있다.

오늘을 사는 나로서는 앞으로 더욱 열심히 좋은 글도 쓰며 후진들을 잘 돌봐 주는 일이 선생의 유덕을 기리는 일이라 생각해 보며 또 '敬'과 '義'에 바탕한 실천궁행도 게을리해서는 안 되리라고 새 천년, 새 해를 기해 새롭게 다짐도 해 본다. (2000)

내가 생각하는 나의 행복

대체 나는 어떤 일에서 행복을 느끼며 살고 있다는 말일까? 각론(各論)식으로 말해보면 적어도 몇 가지가 있다.

첫째, 나와 나의 가족들이 모두 건강하니 행복하고, 아이들도 곱게 성장하고 있으니 행복하다.

그리고 2남 1녀를 두었으니 자식 농사도 과부족이 없다. 만약 아들만 있고 딸이 없다면 딸이 하나 있었으면 하고 행복한 고민(?)을 할텐데 고명딸이 있으니 그런 고민이 없다. 반면에 만약 나에게 아들이 없다면 행복은커녕 늘 불행 속에 살아야 할 판이다. 7대 종손으로 대(代)가 끊기게 되었다고 아우성이 나올 판이니 그것도 여간 고민이 아닐 것이다.

그러나 두 아들이 있으니 마음 든든하다. 그것도 작은 축복이요, 작은 행복이 아닐 수 없다.

둘째로 4대가 한 집안에 살고 있으면서도 큰소리가 없으니 행복하다. 위로는 할머니와 어머니를 모시고 사는데 만약 나의 처가 악처(?)라면 작은 행복은 커녕 큰 불행을 겪고 있을것이 뻔하다. 핵가족 시대라 노인 한분도 못 모시겠다고 야단들이 아닌가. 그런데 나의 집이 준양로원(?)이 되어있는 실정인데도 아내 쪽에서 큰 불평이 없으니 적어도 나의 입장에서는 역설적으로 들릴지 모르지만 작은 행복이 아닐 수 없다. 아내 덕에 효손이나 효자 소리를 들으니 기분이 좋다.

그리고 간혹 웃음도 있다. 할머니를 대왕마비마마로, 어머니를 왕대비마마로, 그리고 나의 아내를 중전이라 노상 불러주던 농담 잘하시는 고모님이 오시는 날이면 한바탕 웃음꽃이 핀다. 그렇다면 나는 상감이 아닌가. 이 또한 작은 행복이 아니겠는가.

셋째로 글을 쓰는 일에서도 보람을 느끼고 있다. 어떤 일이나 직위보다 영원하다고 생각하니 국회의원이나 장관도 부럽지 않다. 물러나면 전(前)국회의원이요, 전00부 장관이 아닌가.

그러나 평론가라는 나의 직함은 죽으나 사나 내 이름 석자 앞에 붙어 있을 것이니 그것도 작은 행복이라 자위하며 살고 있다.

어디 이뿐이랴. 후배들을 추천이나 당선을 통해 문단에 내보내는 일도 하고 있으니 큰 보람이 아닌가.

사실 내가 4년제 대학으로 가려고 마음먹었던 큰 이유에는 석박사를 지도하여 좋은 제자들을 길러내 보자는 욕심도 있었다.

그러나 그런 마음을 미련 없이 포기하고 체념해 버리면서 다시 문단 쪽에서 후배 문인들을 발굴하여 내보내고 있으니 그것도 작은 행복이다 싶어 즐거운 마음이다.

넷째로 남을 돕는 일을 하면서 만족감을 느끼고도 있다. 내가 있는 학교에다 조그마한 정성이지만 장학금을 기탁해서 결손 가정의 학생들에게 매학기마다 학자금을 보조해 주고 있다.

이러다 보니 내가 잘 먹고 잘 쓰는 것보다 훨씬 기분이 좋고 또 남을 돕고 있다는 긍지감도 생겨 나는 행복하다.

그러니 적어도 나의 이런 작은 행복론의 입장에서 본다면 우리는 구태여 자기가 늘 불행하다고 투덜대며 살 필요가 없을 것 같다. 짧은 인생에 있어서 불평이나 하며 오만상을 찌푸리고 살다 보면 그것을 보는 주변 사람도 괴로운 일이다. 그리고 자신에게도 덕 될 게 없다. 마음이 안 좋으면 소화도 안된다. 이른바 엔돌핀도 체내에서 분비되지 않고 아드레날린이라는 독성 호르몬만 분비되다 보면 건강을 해친다. 조금이라도 오래 살려고 한다면 늘 행복한 마음을 지녀야 할 일이다.

행복의 효용성은 이런 것만이 아니고 또 있다. 행복하게 살려고 하는 사람들은 시기나 질투에서 졸업한 사람들인 만큼 남을 괴롭히는 일을 좀체 하지 않는다.

행복의 심리적, 신체적, 인간관계론적 측면의 효용성이 바로 이런 곳에 있지 않나 싶다.

 그러니 우리 모두는 설사 불행하다 싶어도 체념하고 극복하여 내일에의 기대를 걸고 살고 볼 일이다. 늘 하느님께 감사하고 조그마한 일에서나마 행복을 찾는 노력을 게을리해서는 안될 것 같다. 불행하다고 생각해서 그것이 곧 행복으로 바뀌어지지 않는 이상 가능한 한 우리는 행복 쪽을 향해 가슴을 열고 살고 볼 일이다. (1992)

대(大)자 병(病)의 반성

 언제부터라고 딱 잘라 말할 수는 없지만 그동안 우리 한국인들은 유별나게 큰 것만을 선호하는 경향이 있어 왔다.
 서양인들에 비해 체구가 왜소하고 또 땅덩이마저 작아서 그랬을까? 아니면 오랜 세월 동안 외세의 침략을 받아왔던 약소민족으로서의 서러운 한풀이나 또 아니면 그 보상심리에서 나온 것일까?
 우선 회사명이나 상호, 사람 이름을 보아도 큰 대(大)자를 선호하는 경향이 있다. 회사나 사업장이 앞으로 크게 번창하고 사람이라면 앞으로 큰 사람이 되라는 작명상의 소망이 깃들어 있다고 일단은 이해할 수 있지만 달리 보면 너무 큰 것만을 탐하는 과욕이 숨어 있다고 보아도 큰 무리는 없을 것이다.
 어디 이런 것뿐이랴. 공원을 하나 만들거나 다리를 하나 놓더라도 허다한 좋은 이름이 있을 법한데 그냥 큰 대(大)자를 불쑥불쑥

갖다 붙인다. 앞으로 보다 더 큰 공원이나 다리가 생긴다면 또 어쩌란 말일까. 그리고 무슨 행사만 있다하면 'ㅇㅇ대회', 'ㅇㅇ대축제', 'ㅇㅇ대특매'고, 선거에서도 통령(統領)아닌 대통령을 뽑으니 '대선'이 아닌가. 아무튼 큰 대자 홍수 속에 살고 있는 형국이다.

  결국 이런 큰 대자 선호심리는 또 다른 심리적 메커니즘을 유발시키고 있다는 점을 결코 간과할 수는 없다. 그것이 바로 '큰 것' 선호심리다.

  학교도 꼭 큰 학교(대학)를 나오지 않으면 안 되는 것으로 알도록 유형, 무형으로 충동질하고 있다고나 할까. 그래서 능력보다는 학력 위주의 큰 간판을 붙이고 보자는 생각이 만연되어 있다. 이래서 입시철만 되면 가히 전쟁을 방불케 했고 또 과외비가 이웃 일본의 3~4배에 달하고 있다 하지 않는가.

  아파트도 소형은 인기가 없다. 대형이 나오면 그저 사람들이 개미떼처럼 몰려든다. 자기 분수나 가족 수에 걸맞는 아파트가 아니라 우선 크고 보자는 것이다. 치부의 한 방편이란 계산도 있긴 하겠지만 큰 아파트에 살고 있다는 자기현시심리도 크게 작용하고 있다.

  이런 현시심리 내지 과시심리는 차 구입이나 가전제품의 선택에서도 잘 드러난다. 소형보다는 중형을, 중형보다는 대형을 선호하거나 선망하고 있다. 냉장고, 세탁기, 에어컨, TV 등도 소형이라면 아예 거들떠보지도 않고 있으며, 자가용도 소형이라면 푸대접이다. 독일의 폭스바겐이 국민차가 되었듯이 지금 국내에서 개발 생산하고 있는 소형차가 은연중 국민차로 확산되었으면 하는 바람이야 있겠지만 단지 그림의 떡일 따름이다. 음식점이 들어서도 대형 음식점이 생겼다고 자랑이 대단하며, 교회도 대형 교회를 만들기 위해 가히 혈전을 벌이고 있다.

 이렇듯 큰 대자 선호, 나아가 큰 것 선호심리에는 허세와 자기 과시심리가 깔려 있기 마련이고, 이것은 곧 간판주의나 물량주의 그리고 겉치레 문화를 조장시키는 주범이 되고 있다 해도 과언이 아니다.

 가만히 생각해 보면 IMF의 시련도 크게 보아 우리가 그동안 실속 없이 큰 것만을 너무 좋아한데서 비롯되었다 해도 무리가 없다. 그 처방의 하나로 내놓았던 기업구조조정이란 것도 결국 따지고 보면 큰 대자를 너무 좋아했던 기업의 경영 마인드에 있었다 하겠다. 작으면서도 탄탄한 회사는 성이 차지 않아 힘이 없으면서도 무작정 확장시키고 또 문어발식 경영으로 기업의 몸체만 불려 나가다 보니 국내외 자본을 마구잡이로 갖다 쓴 결과다. 중소기업은 하루아침에 재벌회사가 되고 싶었고, 재벌회사는 또 대재벌이, 대재벌은 대대재벌이 되고 싶었기 때문이 아닌가.

 이제 우리는 큰 것보다는 작은 것, 외화내빈보다는 외빈내화의 실속을 차려야 할 때라고 여겨진다. 앞으로도 우리가 실속 없이 큰 것만 찾고 물량주의나 겉치레의 겉멋만 부린다면 또다시 IMF 위기를 맞지 않으리라는 보장은 없다.

분수에 맞는 크기의 나라살림, 분수에 맞는 개인생활, 분수에 맞는 기업경영이 존중되어야지 무조건 크다고 좋은 것은 아니다라는 사실을 뼈아프게 반성해 볼 필요가 있다.

'작은 고추가 맵다'는 속담의 교훈을 타산지석으로 삼아도 볼일이다. 그리고 '작은 것이 더욱 아름답다'라는 의식의 전환과 그 실천적 노력도 있고 볼일이다. (1999)

다섯째 마당

사회 명사들이 본 이유식

프랑스 노트르담 대성당을 배경으로 세느강에서

문학인으로서 하동의 큰 자랑

정 호 권 *

　십 수년 전, 내가 건국대학 공대 학장으로 있을 때 어느 날 청다 이유식 교수로부터 전화가 걸려 왔다. 그 무렵 재경 하동 향우회지 창간호를 만들고 있었는데 그 편집 위원을 맡고 있었던 이유식 교수가 서울에 있는 하동 출신의 대학 교수와 문인들의 소개 편을 쓰기로 했다며, 나에 관한 자료를 좀 달라는 것이었다.

　배화여자대학의 중진 교수이고 한국 문학계에서 다양한 활동을 해 왔으며 저서도 많이 낸 하동 사람 이 교수는 소문으로 이미 알고 있었다. 개인적인 친교는 없었던 상태였는데 간단한 자기 소개와 배화대학의 나의 후배 홍종만 교수와 제자 박인숙 교수를 운운하시기에 전화상으로 긴 이야기를 나누고 그 후 점차 친숙해졌다.

* 전 건국대 총장 · 현 참존 생물소재 연구소장

내가 한국식품학회 간사장을 했었던 80년대 초에 진주 농고의 후배였고 당시 국방부 조달 본부의 관리로 있었던 홍종만 박사와 나의 연구실에서 성장한 박인숙 박사 그리고 청다는 같은 무렵 배화대학에 부임하게 되어 각별히 친히 지내고 있다는 것이었다. 사실은 내가 배화대학에 그 두 사람을 추천하여 보낸 터이라, 배화대학은 애정을 가지고 후원하고 가끔 방문하여 특강을 해 준 일도 있었다.

얼마 후 홍박사에게 청다를 물었더니 배화대학에서는 대들보 교수이고 학보사와 도서관장을 맡아 왔으며 교수와 학생간에 신망이 두텁고 뛰어난 강의를 하시는 인기 교수라는 것이었다.

내가 건국대 총장직에서 물러난 뒤 그때부터 하동인의 모임에 자주 나가게 되었는데 하동 출신의 원로 모임인 '섬우회'에서 청다를 만나 많은 이야기를 나눌 수 있었다. 매월 모임에 빠짐없이 나오셔 해학스러운 이야기와 정담을 많이 하셔 70의 노객들에서 즐거움과 보람을 주는 것이었다.

문학의 길을 걸어온 소설가이고 나의 선배이며 고교시절 선생님이셨던 이병주 선생을 만나면 즐거운 시간을 보낼 수 있었는데 문학을 좋아하고 문학의 길과 교육의 길을 걸어왔던 청다 이유식 교수가 남에게 주는 인상은 이병주씨와 닮은 점이 많이 있었다. 청다는 문학에서도 평론을 하여 왔으며 평론에 관한 많은 저서를 내었으며 평론계에서 큰 위치를 구축한 것은 하동인의 자랑이라 할 수 있다. 하동인으로 소설은 이병주 선생, 시부분은 정공채 선생, 평론 부문은 청다를 내세울 정도로 모두 호평하고 있다. 하동을 중심으로 일제 때부터 같이 회동해 왔던 문학인으로 소설가 박경리 선생, 시인 남대우 선생, 평론가 조연현 선생이 하동의 문학풍을 만들었듯이 그 이후에 와서 이병주 선생, 정공채 선생, 이유식 교수가 현대의 하동 문학풍을 이어 주신 것 같다.

평론가 조연현씨는 일제 때 하동세무서에서 서기로 근무했었던 일이 있었고, 소설가 김동리 선생은 하동 인근 사천 곤명면 원전에서 유치원을 하고 있으면서 박경리 선생과 같이 자주 하동을 왕래하면서 조연현 선생과 회동했다고 한다. 박경리 선생의 소설 『토지』의 배경은 그 무렵 정했던 것이며 악양 평사리는 가까운 하동 화심동 만석부자 여씨 집을 모델화 했다고 보는 사람이 많다.

청다는 평론가라 하지만 수필 문학의 대가이다. 그의 문학적 수상을 진솔하게 써낸 수필집도 적지 않으며 가장 최근에는 경향 각지에 흩어져 활동하는 하동 출신의 문학인 모임인 하동문학작가회의 기관지 ≪문학하동≫에 청다 선생의 좋은 글이 실려 있어 그것을 읽는 사람은 누구나 강한 향수를 느끼게 할 뿐 아니라 옛날의 하동 지역의 산하를 연상하기에 충분하였다. 청다는 문학 예술상도 많이 받았는데 그의 재주와 능력이 점차 문학계에 알려지기 시작했던 71년 ≪현대문학≫ 사에서 수여된 '현대 문학상'을 시발로 그동안 많은 수상을 하였으며, 작년에는 문학인의 최고 영예인 '한국문학상'을 받아 노익장을 과시한 바 있다.

청다는 교육자로서 교육관도 확고하고 제자들에게서 깊은 존경을 받아 왔으며 교수로서의 높은 지식과 연구능력, 노력 그리고 독특한 철학 등이 엿보인다는 것을 주위의 동료 교수들로부터 들어왔는데, 그것은 유교적 집안에서 성장했으며, 근래에는 영남의 유교 대가 남명 조식 선생의 사상을 연구하는 '남명학회'에 참여하여 닦은 유교적인 신념이 그의 교육관을 구성해 준 것으로 볼 수 있을 것이다.

그동안 나는 늘 젊고 활동적인 청다를 보아 오면서 아직도 문학계나 교육계에서 힘차게 일하고 있다고 생각해 왔는데, 벌써 정년퇴임을 눈앞에 두었다니 세월의 빠른 흐름을 느끼지 않을 수 없다. 나는 정년퇴임 후에도 하동의 기업인 '참존' 김광석 회장의 과감한 투자로 생물소재에서 유용한 신물질을 개발하는 연구소를 만들어 젊은 연구원들과 같이 바쁜 시간을 보내고 있으니 사람의 젊고 늙고는 마음에 있는 것이지 결코 나이나 주변의 시각에 있는 것이 아니라고 생각하고 있다. 청다 이유식 교수도 그 왕성한 활동력은 퇴임 후에 더 큰 역작을 창조해 나갈 것으로 믿어진다.

청다의 정년퇴임에 즈음하여 후학들과 제자들이 기념 문집을 엮어 펴낸다고 하므로 성공적인 인생을 살아오신 청다의 걸어온 길을 칭송드리며 축하하는 뜻으로 서투른 글을 써 올린다.

반세기의 변함없는 우정

최 우 석 *

　내가 이 교수를 처음 만난 것이 진주 중학교에 다닐 때니까 벌써 한 50년쯤 된다. 그야말로 반세기를 알고 지내온 것이다. 어떨 땐 가깝게 어떨 땐 멀게, 만났다 안 만났다 하면서 살아왔다. 중·고등학교와 대학교를 같이 다녔지만 직장생활을 시작한 후로는 서로 바빠 잊을만하면 만나곤 했다. 지금도 동창회 같은 데서 가끔 보는데 언제 만나도 반갑고 좋다. 학교 때와 하나도 변한 게 없어 편안하다. 담담한 성격 그대로 담담하게 만났다가 담담하게 헤어진다.
　우리가 같이 다닌 진주중학교와 진주고등학교는 아주 옛날엔 같은 학교였고 교사도 한 담장 안에 있었다. 그래서 중학교를 마치면 곧장 고등학교로 진학하여 대부분 6년을 같이 지냈다. 그때

---

* 진고 동기동창 · 삼성경제연구소장 역임 · 현 부회장

만 해도 진주가 서부경남의 중심이어서 하동, 산청, 함양, 합천 등 주변 시골에서 많이들 왔다. 이 교수도 고향인 하동군 옥종면에서 온 시골 유학생 출신이다. 진주라는 곳이 작은 도시여서 옹기종기 모여 살았다. 시내버스가 없었고 모두들 걸어 다녔다. 입시경쟁도 심하지 않을 때여서 공부는 대강대강 하고 서로 집에도 많이 놀러 다녔다. 그렇게 6년을 보냈기 때문에 모두들 친근하게 지낸다. 이제 모두 60대 중반의 노인들이지만 지금도 만나면 옛날 생각하며 허물없이 논다.

진주란 곳이 약간 보수적이고 예술적 향취가 짙은 곳이다. 주변의 산세도 부드럽고 시내 한가운데를 남강이 조용히 흐른다. 그런 환경 때문인지 도시문화가 어딘지 모르게 고색창연하고 무인보다는 문인들이 많이 배출되었다. 한때 진주에서 교편생활을 한 적이 있는 작가 이병주(李炳注)씨의 소설 「관부연락선」에 그런 진주의 분위기가 잘 나와 있다. 또 기질들도 꾸준한 대신 우직한 면이 있다. 남이 뭐라 하든 자기 길을 묵묵히 가는 것이다. 이 교수를 만나면 옛날이나 지금이나 그런 기질을 닮아 변화가 없다.

우리가 중·고등학교를 다닐 때는 6·25 전쟁 직후여서 모든 것이 혼란하고 궁핍스러웠다. 그때 진주로 피난 오신 분들 중에 고명하신 분들이 많았다. 그분들이 우리 학교에서 교편을 많이 잡았다. 이북서 김일성대학 교수를 하시던 분, 동경물리학교를 나온 수학의 천재, 조연현(趙演鉉) 선생님과 같이 문학활동을 하시던 분, 유명한 빨치산 두목 남도부(南道富)의 일본유학 친구 등 시골 학교치곤 호화판 교사진이었다. 이분들 중에 나중에 부산, 서울 등지로 나가서 총장이나 교수가 된 분이 많다. 이분들은 높은 경륜과 지식을 우리들에게 넣어주려고 무척 애를 쓰셨는데 철없는 시골 학생들은 그걸 모르고 애 깨나 먹였다. 이분들이 가르치려는 것을 잘 알지는 못했지만 이분들이 풍기는 체취나 분위기가 어느새 감수성이 강했던 우리들에게 큰 영향을 주었지 않았나 생각된다. 이 교수가 문인의 길로 들어선 것도 그때의 분위기와 무관하지 않을 것이다.

그때 서울서 피난 온 젊은 영어 선생님이 있었다. 이 분은 영시를 칠판에 써 놓고 두 눈을 지그시 감고 운율에 맞춰 "천사여! 하늘로 가는 길은…" 운운하며 영어를 가르쳤다. 철없는 시골 학생이 그 오묘한 뜻을 알 리가 없었다. 한 학생이 "선생님, 질문 있습니다" 하며 손을 들고는 "천사여" 하고 해석하시는데 "천사야"해야 옳다고 시비 아닌 시비를 건다. 그러면 선생님은 왜 그러냐고 묻는다. 천사는 나이가 젊으니 어른이 말할 땐 천사야 하고 불러야 예의에 맞기 때문이란다. 그래서 천사야 가 맞느냐 천사여가 맞느냐로 한동안 소란이 벌어진다. 그런 일들이 많았다. 그 영어 선생님은 우리들에게 다른 명작들도 소개했다. 영국 작가 서머셋 모옴(W. Somerset Maugham)의 「서밍업(The summing up)」이란 수필을 영어 해석 시간에 가르쳤다. 영어라면 삼위일체의 영문법이 최고라고 생각했던 우리에게 진짜 영문학이란 것을 가르쳐 준 것이다. 그 영어선생님 때문에 서머셋 모옴을 일찍 알게 되었고 내가 대학에 갈 때 처음 영문과를 생각하기도 했다. 지금도 모옴은 내가 가장 좋아하는 작가 중의 하나다.

감수성이 예민할 때의 자란 환경이나 작은 계기가 일생에 큰 영향을 미침을 알 수 있다. 이 교수는 책을 좋아하는 무척 조용한 학생이었는데 그때의 학교 분위기가 영문과를 거쳐 문단으로 나가는데 일조하지 않았나 싶다.

고등학교를 졸업하고 이 교수를 만난 것은 부산대학교 교정에서다. 이 교수는 영문과였고 나는 상학과였다. 지금과는 달리 그때 서울 오기는 쉽지가 않아 진주와 가까운 부산으로 많이 갔다. 나도 집이 부산으로 이사를 가서 거기서 대학을 다녔다. 내가 가고 싶던 영문과에 이 교수가 다니니 호기심에서 이것 저것 물어본 기억이 있다. 대학에서도 워낙 널널하게 공부하던 때라 수업은 잘 안 들어가고 도서관에 가서 보냈다. 소설을 비롯해서 문예서적, 역사책, 전기 등 닥치는 대로 읽었다. 그때 가끔 이 교수를 도서관에서 본 것 같다. 이 교수는 그때 평론을 체계적으로 공부하고 있었는데 지금도 그렇지만 매우 근엄하고 어른스러웠다. 여학생들의 존경을 받는 것 같아 약간 부럽기도 했다.

 한 번은 교정에서 만났는데 현대문학사에서 평론 추천을 받게 되었다며 무척 기뻐했다. 그때 몇몇 여학생이 같이 있었는데 모두들 존경스러운 표정이었다. "대학생이 현대문학의 추천을 받다니" 하며 나도 부러웠다. 그 당시 나는 상학과에 다녔지만 경영학엔 흥미가 없고 주로 문예작품을 읽을 때였다. 그 뒤 학교에서 만나 이 교수의 하숙집으로 같이 갔다. 유명한 평론가 조연현 선생님으로부터 온 편지라며 큰 소리로 읽어 주었다. 보여주는 추천 완료평론은 「프로메테우스적 인간상」이라는 것인데 제목이 독특하여 아직도 기억하고 있다. 내용은 읽어도 무슨 뜻인지 잘 모르겠고 이 친구가 내가 모르는 대단한 것을 공부하고 있구나 싶어 다시 보게 되었다. 이 교수는 그 뒤 본격적인 평단 활동을 하게 되는데 그 내용이 생경하여 잘 이해가 되지 않았다.

 대학을 졸업하고 나는 바로 서울에 와 신문사 생활을 시작했기 때문에 한동안 뜸하게 지냈다. 그 후 이 교수도 서울에 오게 되어 간혹 만나게 되었다. 늘 공부하는 진지한 자세였다. 무척 부드럽지만 고집스럽게 자기 길을 꾸준히 갔다. 동창회 같은데서 만나면 옛날처럼 문학 이야기를 했다. 누런 봉투에서 주섬주섬 책을 꺼내 주기도 했다. 대학교수가 되고 나서 수필집을 냈다며 갖다 주었다. 집에 가서 읽어보면 성격 그대로 수채화 같이 담담한 필치었다. 우리가 어린 시절을 보냈던 진주 부근의 풍경이 생생히 떠올랐다.

지금도 이 교수를 자주는 아니지만 가끔 만나면 잠시 헤어졌다 만나는 기분이다. 언제 만나도 한결같다. 공부하고 글 쓰는 일은 여전하지만 세상명리엔 별 관심이 없어 보인다. 평생을 그만큼 같은 호흡으로 살기도 쉽지 않을 것이다.

이 교수도 곧 정년퇴직을 맞는다 한다. 학교 친구 중에 아직 일선에서 일하고 있는 사람이 매우 드물다. 어릴 적 진주에서 같이 놀던 때가 어제 같은데 벌써 인생의 황혼 길에 같이 서 있는 것이다. 설혹 정년을 맞는다 해도 이 교수가 평생 꾸준히 걸어온 걸음걸이는 결코 변하지 않으리라 생각한다.

산이 있고, 강이 있는 이유식 선생

박 희 태 *

내가 이유식 선생과 벗하며 사는 지도 어언 15개 성상을 넘겼으니 쌓은 정도 깊은 데다, 꼭꼭 감춘 비밀 외에는 웬만큼 아는 사이가 되었다.

이유식 선생은 정말 한마디로 말하기 어려운 사람이다. 정의감 넘치는 선비이면서, 일에 대해서는 엄청난 열정을 가진 사람이다. 정이 많고 마음의 넉넉함이 그만이며 낭만주의자이기도 하고 감상주의자이기도 하다. 그리고 자신에게는 엄격하고 남에게는 참으로 후한 사람이다.

이렇게 열거하면 너무 상투적이라고 할까 봐 흉이나 허물을 찾아보려는데 아무리 생각해도 떠오르는 것이 없다.

나는 이유식 선생을 한마디로 '매력이 넘치는 인물'이라 말한

* 국회의원·한나라당 전 대표최고위원

다. 매력이 있다는 것은 그 사람에게 향기가 있다는 것이다. 만날수록 기분 좋고, 다음의 만남이 기다려지는 사람이다.

　이유식 선생의 향기는 무엇이며, 매력이 어디에 있는가.

　그에게는 산이 있고, 강이 있다. 지리산 아래에서 경호강과 덕천강을 벗하여 성장했기에 그런 것인가. 분명 이유식 선생에게는 지리산이 주는 넉넉함과 자연의 맛 그리고 그저 흘러가는 강처럼 유유자적함이 있는 것이다. 인고의 역사를 말없이 안고 어제도 오늘도 변함없이 서 있는 산이고, 큰 물이건 작은 물이건 아무 조건 따지지 않고 받아들여서는 서로 자정(自淨)하고 어울려 흘러가는 강물이기도 하다. 그러면서도 비바람에 결코 꺾이지 않는 산과 강의 모습이 고스란히 담겨있는 것이다. 그는 산이요 강이다.

　우리 세대가 대개 그러하듯 그 역시 어려서 고생을 많이 했다. 그래서 어려운 처지에 놓인 사람들을 예사로 보아 넘기지 못한다. 하찮은 일에도 그는 대단히 고마워하는 사람이다.

　유학자 집안의 가풍처럼 그는 일찍부터 선비정신을 알았고, 그것이 그를 오늘에 이르게 한 동력이기도 했다.

　고명한 문학인으로서 흔히 말하는 '쟁이들의 고집' 같은 것이 그에게도 분명히 있지만 그는 주관을 밝힘에 있어서 잘 쓴 한 편의 수필처럼 부드럽고 쉽게 말하는 재주를 가졌다. 그래서 나를 비롯해 자리를 같이하는 우리 그룹은 늘 그의 말을 듣고 싶어 술값을 아까워하지 않는다. 그에게는 은근히 사람을 모으는 기술이 있는 것이다.

마음이 넉넉한 것도 빼놓을 수 없는 이유식 선생의 향기이다. 15년여 교류를 통해서 할 말 못할 말 가리지 않고 주고받는 사이가 되었지만 나는 한 번도 그의 굳은 얼굴을 본 적이 없다. 지리산 둘레가 넓다한들 이보다 넓을 수가 있을까. 매사를 가급적 긍정적으로 보려 하고 상대의 입장에서 생각하려는 아량이 있으며 결코 조급해하지도 않는다.

그러면서도 평론가다운 예리함으로 내가 속한 정당이나 정치판 얘기를 할 때면 한 번씩 속을 뒤집어놓기도 한다. 하지만 표정이 너무 순수하여 나는 제대로 정색을 하고 대응해본 적이 없다.

내가 직업정치인이라 정치 얘기가 자주 화두에 오르는데 그는 언제나 '수필 같은 정치, 시 같은 정치'를 요구하면서 잘 쓴 수필집, 서정성이 높은 시집을 가까이 하라 권한다. 맞는 말이다. 정치가 사랑을 받으려면 이 선생의 말대로 수필 같은 정치, 시 같은 정치가 되어야 한다. 내가 원내총무나 당대표 등의 위치에서 일할 때 나는 이를 위해 나름대로는 최선의 노력을 기울이기도 했다. 그런 덕에 이 선생으로부터 가끔 후한 점수를 담은 격려를 받은 적도 적지 않았다.

얘기가 '사회정의' 같은 것으로 주제가 흘러가면 그는 결코 간단치 않은 '정의의 사자'이다. 흥분해서 말하는 법은 없지만 은유와 풍자에 담아내는 그의 말을 듣자면 '꼿꼿한 선비'가 따로 없다는 생각이다. 빙그레 웃음이 돌게 하면서도 송곳으로 찌르는 아픔도 동시에 주는 사람인데 그 사례가 너무 많아 옮기기가 쉽지 않다.
　어언 세월은 흐르고 흘러 이 선생이 정든 강단을 떠난다고 한다. 욕심이래야 문학에 대한 욕심, 더 보탠다면 고향 하동을 문향(文香)이 넘치는 고장으로 만들고 싶다는 것이 전부인 이 선생이 강단을 내려오면 무엇을 할까. 고향을 휘감아 도는 덕천강, 경호강처럼 당분간은 여행을 즐기겠다고 그랬었다. 하지만 그럴 가능성은 별로 높아 보이지 않다. 일이 하고 싶어서 못 떠날 사람이기 때문이다. 일이 취미이고, 특기인 사람이 일을 두고 어디로 가겠는가. 더 많아진 시간은 분명 문학발전을 위해 죄다 바칠 사람이다. 문학을 위해 태어나 문학과 함께 살아왔고, 문학을 위해 일하다 갈 사람, 영원한 문학청년 같은 이유식 선생의 향기는 이것이 결정적인 것이라 생각한다.
　그러나 시간에 쫓기는 자가 아니라, 시간을 쫓는 자의 여유를 가지고 조용히 전국 곳곳을 흐르는 물처럼 다녀보고 싶다던 작은 소원부터 이루기를 바란다. 그래서 다녀온 얘깃거리 푸짐하게 차려놓고 부르면 이내 달려가 폭탄주 몇 잔을 돌리고 싶다. 이제 무거운 짐 하나 내려놓은 홀가분한 입장이니 조금은 허물어지는 모습도 보여주었으면 한다.

정든 강단을 떠나는 이 선생은 아쉬움이 많을 것이다. 명교수로서 계속 후진을 양성하는 것이 국가적으로나 한국문학 발전을 위해서 크게 이로운 일이라는 것도 안다. 그러나 이 선생의 수필집 제목처럼 '그대 떠난 빈자리의 슬픔' 같은 것을 가지는 사람도 많이 있을 것이다. 나는 이 선생이 마침내 여유를 좀 가질 수 있겠다 싶어 오히려 다행스럽게 생각한다. 하지만 내가 갖는 아쉬움도 크기에 억지로 이런 생각을 가지려 한다는 것을 굳이 숨기고 싶지는 않다.

이 선생의 앞날에 부디 건강과 행운이 함께 하기를 빌며, 그간의 노고에 무한한 존경과 신뢰를 보내는 바이다.

---

* 박희태 국회의원은 1938년생으로서 이유식 선생과 동갑내기이다. 고등검사장과 법무부 장관을 지낸 4선 의원으로서 당 대변인, 국회 상임위원장, 원내총무, 부총재, 최고위원 등을 거쳐 한나라당 대표 최고위원을 역임했다.

소탈한 성격이 큰 미덕

김중위*

　무식한 내가 진짜로 유식한 이유식 교수를 만나 교유(交遊)할 수 있게 되었다는 사실은 참으로 뜻밖이고 우연이 아닐 수 없는 일이었다.
　그것은 마치 내가 무슨 글이나 쓸 줄 알아서 월간 ≪수필문학≫에 내 스스로 내 글을 발표하게 된 것이 아니라 전혀 우연하게 내 글이 게재되게 된 것과 그 맥을 같이 하는 것이었다.
　정치한답시고 하루의 시간을 5등분하여 요긴하게 쓰려고 발버둥 치는 인색한 하루의 일과 틈틈이 생각의 조각들을 이리 저리 얽어 놓은 글들을 짜깁기하듯이 긁어모아 수필집처럼 꾸며 한 두어 번 출판한 적이 있는데 이것이 그만 제멋대로 굴러다니다가 일을 그르치는 계기가 되고 말았다.

---
* 수필가 · 4선 국회의원 역임 · 환경부장관 역임

거의 매월 만나는 친목 모임에 나오시는 선배 한 분이 어느 날 갑자기 "김 의원 글을 내가 어떤 문학잡지에 추천했어, 게재되더라도 불쾌하게 생각지 말고 그저 가만있으면 좋갔어"

나는 이분이 고등학교 교장선생님이신 선배라고만 알고 있었을 뿐 수필가라고는 전혀 생각지 못했고 또 우리나라에 ≪수필문학≫이라는 월간지가 있는지조차 알지 못할 만큼 이 부문에서는 무식한 문외한(門外漢)이었기에 그저 강한 평안도 사투리의 선배 얘기에 머리만 조아리고 있었을 뿐이었다.

그러고 얼마 후 아닌게 아니라 ≪수필문학≫지에 내 글이 실리고 또 무슨 천료(薦了)소감인가를 쓰라고 해서 억지춘향 격으로 쓰고 나니 이게 영 나에게는 잘 어울리지 않는 몸짓으로만 여겨져 도무지 어색하기 이를 데 없는 기분에 휩싸여 있었다.

16대 선거에 실패하고 실의에 빠져 바깥출입도 잘 하지 않던 바로 그해 여름에 충남 당진에서 수필문학사 주최로 〈수필세미나〉를 한다기에 이 기회에 바람이나 쏘이러 한번 나가 볼까 하고 일정을 짜보았더니 하필이면 그날이 내자의 환갑날이라 내심 무척 당황하였으나 회갑기념으로 가자고 꼬셔 당진엘 가게 되었다.

모기못자리 한복판에 지은 듯한 숙소에서 밤새껏 모기와의 전쟁을 벌리고 난 그 이튿날 열린 세미나장에서 비로소 나는 경외로운 눈으로 이유식 선생을 먼발치에서 만나게 되었다. 그는 그 세미나에서 좌장으로 앉아 사회를 보고 있었기 때문이었다.

그러나 이때까지도 나는 감히 이유식 교수라고 하는 문단의 거목과 접촉하기에는 어쩐지 준비가 덜된 것 같은 느낌이 들어 그저 문단 사람들의 모임 분위기나 살펴본다는 기분으로 건성 따라다니고 있었을 뿐이었다. 동국대의 홍기삼 교수(지금은 총장)와는 다소간의 안면이 있어 바닷가에서 꽤나 오래 얘기를 나누었는데 그는 햇솜과 같이 부드러운 분이라는 인상으로 지금껏 내 머리 속에 각인되어 있다.

그로부터 꼭 일 년이 지난 그다음 해 무주에서 개최한 수필문학 하계세미나에서 나는 다시 이유식 교수를 만나는 행운을 얻게 되었다.

이때는 이미 나도 몇 차례에 걸친 문학세미나와 각종 회의 그리고 문학상 시상식에도 가끔 참석한 적이 있어 제법 얼굴이 익은 분들도 많이 생겼고 만남의 인사도 자연스럽게 이루어질 수 있는 때여서 그분이 누구 되었건 다가가 인사를 할 수 있을 만큼의 여유가 생겼을 때였다.

세미나가 끝난 후 뒤풀이 시간에 비로소 나는 용기를 내어 많은 문인들에 둘러싸여 담소를 나누는 이교수의 옆자리에 불문곡직하고 엉덩이를 들이밀면서 그에게는 물론이고 주변의 인사들에게도 수인사(修人事)를 건넸다.

지금 아무리 생각해도 그날 밤이 이슥할 때까지 헤어질 줄을 모르고 나누었던 대화 내용은 하나도 생각나지 않지만 이교수가 무척이나 다정다감한 사람이고 무슨 '척'하는 것이 안 보여 대화하기 편안한 사람이라는 생각이 들어 시간의 여유도 갖지 않은 채 격의 없는 대화가 오고 가고 하였던 것만 생각날 뿐이다.

그 이튿날 우리는 누가 먼저랄 것도 없이 어깨를 나란히 하고 덕유산 자락의 한 언덕을 올라가면서 또다시 많은 얘기를 나누었다. 출생지와 성장과정, 교우관계, 몸담고 있는 학교와 요즈음에 문제 되고 있는 사회적 여러 분야에 대한 평범한 시민적 관심을 적나라(赤裸裸)하게 토로하면서 산등성이를 힘든지 모르고 올라갔다.

그에게서 뿜어 나오는 체취는 지금 막 된장찌개에 보리밥 한 그릇을 걸걸하게 먹고 나온 시골 면장에게서나 느낄 수 있는 것과 같은 소박미(素朴美)로 넘쳐나는 것 같았다.

목소리조차 막걸리 한 사발에 힘을 얻어 목청 높이 노래 부르면서 모심기를 지금 막 끝내고 바지가랑이를 걷어올린 채 논 가로 나온 농부의 그 모습처럼 느긋함과 여유로움과 대견함이 한꺼번에 묻어 나오는 적갈색의 구수한 음색이었다.

흔히 지성이라고 불리우는 사람들의 목소리가 어느덧 무색무취(無色無臭)와 흰 명주실 뽑아내듯 하는 정교함으로 인해 인간미

하고는 상당한 거리감이 있다고 느끼고 있는 나로서는 어딘지 모르게 토속미가 배어 나오는 목소리를 더 선호하는 편이어서 이교수가 더 좋아졌는지도 모르겠다.

이렇게 해서 나는 어느덧 이교수가 마치 친구처럼 느껴졌고 대포라도 얼근하게 같이 한잔 걸치고 싶을 때에는 그에게 전화를 걸어 만나기를 청하기도 한다.

나이가 동갑내기이기에 한 시대를 같이 살아온 동병상련(同病相憐)이 있고 내 비록 문학도는 아니나 그의 문학론에 손을 내저을 만큼의 무뢰한(無賴漢)은 아니기에 그와의 만남은 아무 부담 없이 즐길 수 있어 좋다.

이제 그의 정년퇴임을 맞아 기념문집을 낸다 하니 이제야 말로 자유와 여유로움으로 새로운 창조적 인생 활동에 좋은 전기를 맞는 계기가 되리라 믿어 그의 장도를 축복해주고자 한다.

열성적인 문단의 신사

홍문표*

　청다 이유식 박사의 정년에 즈음하여 이 글을 쓰게 되니 감회가 새롭다. 몇 년 전 내가 회갑을 맞아 나와의 만남에 대한 정회의 글을 부탁했을 때, 분에 넘치는 문장으로 내 문집을 빛내주었기에 나도 언젠가는 청다 선생과의 인연을 글로 답하리라 다짐했는데 이번 기회에 졸필이지만 내 진심의 일단을 보이게 되어 기쁜 마음이다.

　청다 선생과의 인연은 그가 문협의 평론분과 회장으로 있으면서 나에 대한 특별한 관심을 보여준 데서 시작된다. 내가 문협에 참여한 것은 72년 고려대와 서울대에서 취득한 두 편의 석사논문집 「한국문학연구」로 평론분과에 입회하면 서다. 그러나 멀리 관동대학교에서 근무하게 되어 협회 활동에는 참여하기가 어려웠다.

---
*문학평론가 · 명지대 교수 · 한국문협 부이사장

나는 대학 교수생활 초기부터 교무처장 등 주요 보직을 연달아 맡는 바람에 더욱 중앙문인들과의 접촉이 어려웠다. 그러나 77년 ≪시문학≫을 통해 평단에 등단했고, 79년 시문학을 통해 시단에 등단했고, 78년에는 교육부 검인정 고등학교 작문 교과서가 채택되고, 79년에는 고려대학교에서 「한국문학논쟁사연구」로 박사학위를, 80년에는 명지대학 교수로, 하버드대학 교환교수로 이어지는 과정에서 차츰 학계와 문단이 나를 기억하기 시작했으며, 80년대에는 「현대시학」, 「시창작강의」, 「문학비평론」, 시집 「지상의 연가」를 내면서 감히 시인과 평론가라는 문명을 듣게 되었다. 이때 제일 먼저 문단의 참여를 권유한 분이 청다 선생이다. 학자로, 시인으로, 교육자로 많은 경험을 갖고 있는데 이제는 문단 현장에서 그 학문과 이론을 실천하는 것이 행동하는 학자의 모습이 아니겠느냐는 매우 우정 어린 충고를 해 준 것이다.

　나는 청다 선생의 충고에 힘입어 90년에 순수종합문예지인 계간 ≪창조문학≫을 창간했고, 한국창조문학가 협회도 결성하여 정말 잡지를 통해서는 문인들과 교분을 나누고, 협회를 통해서는 문학의 생산적 고뇌를 함께 느끼고자 하였다. 이 작업에는 늘 청다 선생의 격려와 협조가 있어서 힘이 되었을 뿐만 아니라 지금도 창조문학의 편집위원으로 든든한 기둥이 되어 나를 지켜주고 있다.

94년 청다 선생과 나는 매우 뜻 있는 사업을 했다. 바로 한국문학비평가회를 발족시킨 것이다. 문인들의 지나친 정치적 행태를 배격하고 정말 우정있는 비평가의 모임으로 하자는 것이었기에 나도 동참하기로 한 것이다.

그러나 내 생애에서 청다 선생과의 놀라운 인연은 바로 2000년 12월 문협 선거에서였다. 청다 선생은 문협도 이제 학자적인 권위와 작가적 품위를 지닌 참신한 인물이 필요하다고 하면서 우선 부이사장으로 출마하여 문단을 익히고 앞으로 한국문단의 발전에도 기여해야 한다고 하였다. 나는 졸지의 제안이었지만 그것이 소명일 수 있을까를 반문하면서, 마침 '현대문학 100년 사' 집필에도 도움이 되리라는 판단이어서 출마를 결심했었다. 물론 문협에서 내 이름은 생소한 것이었다. 그런데도 청다 선생은 열정적으로 나를 지지해주었다. 앞서 이사장에 출마했었던 그가 부이사장 후보인 나를 위해 혼신의 힘으로 밀어준 것이다. 결과는 기적이었다. 11명의 부이사장 후보 중 최고의 득표였을 뿐만 아니라 이사장 당선자인 신세훈 시인보다도 몇 백 표를 앞서는 정말 선거 사상 유례없는 사건이 벌어졌다. 성원해준 문인들의 기대와 애정도 눈물이 날 정도로 고마운 것이었지만 청다 선생의 사심 없는 성원을 나는 결코 잊을 수가 없다.

청다 선생은 정말 호방하고 솔직한 문단의 신사다. 언제 누구와 만나도 반갑고 기분 좋은 사람이다. 평론분과 회장, 문협 부이사장 등을 했다면 꽤 문단 정치를 한 셈인데 소위 문단 주변에서 잔머리를 굴리는 문단 정치꾼들과는 전혀 질이 다르다. 그는 그만큼 순수하고 인간적이다.

 그의 비평은 늘 도전적이고 탐구적이다. 그는 비평의 질적인 제고를 위하여 끊임없이 연구하고 부지런히 발표한다. 초기에는 시 비평에 관심을 가지더니 중기에는 소설 비평으로, 최근에는 수필 비평까지 비평의 영역을 넓혔다. 뿐만 아니라 그 자신 비평은 물론, 수필작품을 창작하여 몇 권의 수필집까지 내고 있다. 그렇다면 그는 평론가 겸 수필가라고 하는 것이 그의 문학에 걸맞는 호칭일 것이다.

 아직도 건강한 홍안과 여유 있는 웃음이 남은 인생의 밝은 일정을 말해준다. 이제 공적인 생활에서 자유롭게 되었으니 문인에게는 더없이 즐거운 여생이 아니겠는가. 다시 한번 존경과 고마운 마음을 전하며 더욱 빛나는 문장으로 문학사의 카랑한 목청이 되기를 기원하는 바이다.

진고가 낳은 문학평론가 1호

조 기 일 *

문학평론가이자 수필가인 이유식 교수는 우리 동문들이 아끼고 자랑스럽게 생각하는 인물이다.

우선 그는 서부경남을 대표하는 명문 진주고등학교가 배출한 평론가 제1호로 기대를 모았다. 문단 데뷔이래 지난 40여 년간 활발한 저술활동을 통해 비평문학의 새로운 지평을 구축하였으며, 한국문학평론가협회와 한국문인협회의 지도적 인물로서 그 위치와 업적에 걸맞는 각종 문학상도 수상한 바 있는 것으로 알고 있다.

이제 대학 교단에서의 정년퇴임을 앞두고 그동안 문단에 폐가 된다하여 일체의 출판기념행사는 물론 회갑기념도 굳이 사양해 온 그에게 후배와 제자들이 뜻을 모아 정년 기념 겸 문단등단 43

* 재경 진고 27회 동기회장 · 전 외무부 대사

주년 기념문집이라도 봉정해 드리고자 간행위원회를 구성하였다는 소식을 접하고 보니 그들의 갸륵한 뜻에 감동되는 바 크며, 지금 맡고 있는 재경 동기회장 자격으로 기념문집에 이 글을 올리게 되는 것을 매우 영광스럽게 생각한다.

내가 이 교수를 기억하는 것은 고등학교에 들어서였는데, 첫인상은 서당 훈장같은 엄격함이 몸에 밴 좀 건방진 학생으로 비쳤지 않나 싶다. 자기 주관이 있고 의리에 강한 풍모를 풍겼는데 소신을 밝힐 때이면 눈빛과 목소리가 남달랐다.

나중에 이 교수 집안이 조선 중기 의리와 실천을 중시한 유학자 겸 민본사상가로서 국왕의 거듭된 부름에도 벼슬길에 나서지 않고 추상같은 국정쇄신 상소를 올리며 평생 산림처사로 후학들을 양성해 국가에 이바지함으로써 그 학문과 생애가 최근 재조명되고 있는 남명 조식(南冥 曺植, 1501~73) 선생의 48제자 가문임을 듣고 역시 '그런 데가 있구나'라는 생각이 들었다.

고교 시절은 나는 나대로 바쁘게 보내느라 깊은 교류는 갖지 못하였는데 대학에 들어가 이 교수가 1961년 ≪현대문학≫지에 ≪프로메테우스적 인간상≫이란 제하의 평론으로 문단에 정식 데뷔하였다는 것을 알고 놀라움과 감탄을 금치 못하였다.

사실 나도 중·고교 시절 주위에 문학하는 친구들이 있어, 한번은 당시 등용문이었던 ≪학원≫지에 응모해 놓고 가슴 졸이던 때가 있었는데 그래서 글을 쓴다는 것이 예사롭지 않으며 타고난 재능이 따로 있다는 것을 일찍 깨닫고 있었다. 자기 머리에 든 것을 옮기는 것도 그러하거늘 하물며 평론은 자신의 것에다가 남의 것까지 통달해야 하니 몇 배 더 힘들 터인데 이교수가 고교 시절 언제 그렇게 준비를 쌓았는지 실로 경탄스러워했고, 평론 주제도 인상적이었다. 그래서 다음해 여름방학이 되어 뒷날 한국교원대 대학원장을 지낸 동창 정태범군과 한께 부산에 내려갔을 때 초량 천변의 곰장어 구이집이라고 기억되는데 일부러 만나는 자리를 만들어 덕담을 나누고 격려했던 기억이 새롭다.

그 후 대학을 졸업하고 나서 나는 외교관 생활을 하느라 해외 생활이 많다 보니 자연 국내 동창들과의 교류는 적조할 수밖에 없었는데 정년퇴직 후에야 동창회 모임을 통해 이 교수와의 우정을 새로이 하면서 그동안의 몰랐던 문학활동을 익히 알게 되었고 더욱 이 교수가 문학가답게 다정다감한 면도 강해 거나하면 함께 객기를 부리기도 하는 친숙한 사이가 되었다.

개인적으로는 이교수가 나의 선대인 남명선생 제자가문의 후손으로 남명에 대한 글들을 발표해 주어 고맙게 생각하고 있으며 또 1998년에는 제10회 '남명문학상' 본상을 수상하게 되어 더욱 각별한 동문으로 자리매김 되어있다.

몇 년 전부터 우리 동창들은 60세를 넘기 시작해 대부분 직장에서 물러난 처지가 되었는데 그나마 그는 교수로서 상대적으로 좀 더 오래 직장생활을 해와 다소 부럽기도 했다. 이제 비록 교단으로부터는 정년 퇴직 하지만 평론가 겸 수필가로서 본업에 있어서는 정년이 있을 수 없으니 앞으로 문학 활동에 있어 나이와 경륜에 비쳐 더욱 완숙한 경지를 보여 줄 것이라 기대하고, 이 교수의 건승을 비는 동문 모두의 간절한 우정을 함께 전한다.

효제동 시절, 꿈의 만남들

이중*

　하루만 안 봐도 안달이 나는 친구가 있는가 하면 10년에 한 번씩 연락이 닿아도 반갑고 새롭게 우정이 솟아나는 친구가 있다. 이유식 형은 오랜만에 만나도 마냥 만나오던 그런 친근감과 진한 정을 느끼게 하는 친구다.
　얼마 전에 이유식 형이 한 권의 책을 보내주었다. 주로 회고담을 많이 실은 수필집인데, 『내 마지막 노을빛 사랑』이란 제목이다. 곰곰이 읽어보니 내 이야기도 나오는 것이 아닌가. 세상에…… 박재삼 형도 등장하고, 우리 세 사람이 조우하는 장면도 선명하게 그려져 있었다.
　당시 월간 ≪현대문학≫은 시의 경우 3회 추천제도가 있었다. 1959년 9월호와 60년 3월호, 6월호, 세 번에 걸쳐 추천작이 발

---
* 시인 · 숭실대 총장

표되면서 나의 시단 이력이 시작되었다. 문단에 이렇다 할 친구도 선배도 없는 나는 그 해 가을의 어느 날 효제동에 있는 현대문학사를 누구 소개도 없이 찾아갔다.

박재삼과의 첫 대면이 그렇게 이루어졌다. 감명이라 할까, 그런 강렬한 인상을 하나 받았던 기억이 있다. 박재삼이 캐비닛을 열더니 봉투 하나를 꺼내 주는 것이었다. 무언가 하고 열어 보니 추천작품 3회 치의 원고료였다. 새까만 신인의 가슴에 여울져 오는 물결… 그것은 한국의 대표 문예지인 ≪현대문학≫의 엄격함이자, 편집 기자 박재삼의 양심과 순결이었다.

그런 무렵에 이유식을 만났다. 이유식의 등단은 1961년 11월호를 통해서였다. 아마도 나의 추천작품 원고료 감동을 이유식도 받았을 것이다. 그리고 박재삼에 대한 인간적 신뢰가 강렬한 유인요소가 되어 그들은 갑자기, 뜨겁게 우정을 달구었을 것이다.

당시 이 형은 부산에 살고 있었다. 서울에 자주 나타나기 쉽지 않았을 것이다. 이 형의 수필을 통해 그 당시 그와 박재삼 형과 내가 만났던 일을 회상해 본다.

데뷔 이듬해인 62년도에는 2~3개월 간격으로 계속 4편을 발표도 해보았고 그 해 겨울 방학에는 추천 완료 후 꼭 1년 만에 처음으로 인사차 현대문학사에 가보기도 했다…… 현대문학사에 들어서 보니 나의 추천인인 조연현 주간 선생은 보이지 않고 편집장이셨던 오영수 선생과 박재삼 씨가 있었다. 부산에서 올라왔다고 내 소개를 하자 반갑게 맞이해 주었다…… 퇴근 시간이 되자 박재삼씨가 같이 나가자는 것이다…… 회사 근처 어느 목로집에서 시인 이 중씨를 만나기로 했다면서 나를 끌고 가는 것이다. 그곳에 가보니 이미 이 중 씨가 와서 막걸리를 마시고 있는지라 같은 자리에 앉아 인사를 나누고 나도 한 두 사발 막걸리를 마셨다.

그 무렵 나는 박재삼 시인과 자주 어울렸다. 그의 인품에 반해서였다. 몇 해 뒤 나는 우연히도 답십리동 언덕바지로 이사를 가게 되었는데 같은 골목에서 박 시인과 그의 가족들을 만나게 되었다. 박 시인을 통해 바둑 국수 김인 씨와 대국 아닌 대작의 영광을 누릴 수 있었던 것도 그 시절의 낭만이었다. 그때부터 박 시인은 신문에 바둑 관련 글을 쓰고 있었다.

문단 권외에서 바라보는 이 형의 활동은 정말 정력적이고 초인적인 것으로 내 눈에는 비쳤다. 평론과 수필은 물론, 집필 분야 외에도 각종 문학상의 심사, 신문과 방송 활동, 세미나와 여러 강연과 강좌 참여 등, 이런 활동들을 꾸준히 한 대학의 강단을 지키면서 이루어졌다는 사실이 더욱 놀랍다.

이유식 형은 교수와 선비로서의 장점들을 고루 갖추었다. 그렇지 않고서는 대학에서 명예롭게 정년을 맞이 할 수 없었을 것이고 또 존경과 신뢰와 애정을 듬뿍 받으면서 이런 문집까지 만들 수가 없지 않겠는가.

대한민국 문인협회 부이사장이라는 직분이 누가 하고 싶다고 그냥 손 들어주는 자리가 아니다. 오랜 시간, 많은 문우들과 궂은 일, 살가운 일 마다 않고 함께 부대끼며 우의와 애정을 나누고, 신뢰와 기대감을 쌓아온 정표가 그런 문단의 심부름꾼으로 부름을 받을 수 있다고 나는 생각하고 있다.

나 같은 사람은 감히 넘겨다 볼 수조차 없는 높은 수준의 봉사와 헌신의 위치인 것이다. 흔히 문단정치니 뭐니 하고 턱없이 폄하하는 사람들도 없지 않지만, 좋게 말해서 심통이고 심술일 뿐이다. 나 자신 이런저런 문단 모임에 말석으로 참여하고 있다. 만나면 무조건 반갑고, 궂은 일을 도맡아 나를 대신해서, 나 같은 사람들을 대표해서 일해 주는 친구나 후배들이 고마울 따름이다.

이유식 형도 이런 고마운 친구이다. 그런데 생각보다 상복은 적은 것 같다. 한국의 문학상 치고 이 형이 심사에 참여하지 않은 것이 드물 정도로 그는 많은 심사를 맡았었다. 그러니 그 자신에게 돌아올 몫은 아주 적을 수밖에 없다. 이 형의 순수함이 거기에 있다.

눈에 뜨이는 것이 '현대문학상'과 '한국문학상'이다. 1970년대

초의 '현대문학상'은 문단의 신인 작가에게 주어지는 최고의 명예였다. 억지로 요즘 스포츠계에 비유한다면 신인상과 비슷하다고나 할까, 등장 초기에 발군의 작품 활동을 하지 않고선 도저히 엄두도 못 낼 실력과 행운과 또 선망의 문학상이었다.

그런데 나는 그의 수상 가운데 남명문학회에서 준 제10회 남명문학상 본상(1998년)에 더 눈길을 보내고 싶다. 남명은 조식 선생의 호이다. 흔히 퇴계 선생과 비견되는 남명 조식 선생은 우리 경남, 그 중에서도 서부 경남 쪽에서는 절대적 존재이다.

남명 선생의 선비 정신을 기리는 문학상이야말로 꼭 그가 타야 할 상인 것이다. 나는 바다가 있는 마산 태생이지만 뿌리는 서부 경남의 내륙 오지인 안의 산골이다. 안의 땅은 우리 나라 무정부주의 메카로 통하는 고장이다. 1953년 정전이 되고 얼마 뒤쯤, 아나키즘 연구가로 이름 높았던 하기락 선생께서 마산 산호동의 우리 집을 찾아와 아버님과 담소하시는 걸 본 기억이 있다. 이 형은 산청 태생이다.

이 형의 정년 퇴임은 이 형에게 또 하나의 날개를 달아주는 격일 것이다. 그것은 우리 문단의 경사이자 희망일 수 있다. 평론에도 거작이니 대작이니 하는 말을 쓰는지 모르겠다.

그러나 분명히 그 세계에도 한 시대에 우뚝 서는 대표적인 노작은 있을 것이다. 그 일에 성취를 부탁드리고 싶다. 아마도 그의 내면에는 그런 야심으로 새롭게 젊음이 불타고 있을 것이다. 그러고 보니 그의 수필집 '내 마지막 노을 빛 사랑' 제목이 다시 생각난다.

연보

문학 및 문단활동 발자취

이유식(평론가 · 수필가)
연보(문학 및 문단활동 발자취)

    1938년 9월 6일(음력) 경남 산청군 신안면 청현리에서 합천 이씨 창 님과 청송 심씨 경두님 사이에 3남 1녀 중 장남으로 태어남. 얼마 지나 조부님이 진주에서 한약방을 열자 솔가하여 진주로 이사옴. 거기서 봉래유치원을 다님. 대동아전쟁 중에는 혹시나 하고 피란도 겸해 하동군 옥종면에 몸채, 아랫채 신기잡아 지어논 새집으로 이사. 옥종초등학교 1학년 때에 해방을 맞이함.

1951년   옥종초등학교 졸업.
1954년   진주중학교 졸업.
1957년   진주고등학교 졸업.
          집안과 개인 사정으로 한해 집에서 쉼
1958년   부산대 영어영문학과 입학. 재학중 학보병으로 육군에 입대하여 복무를 마치고 복학(61년)

1961년 『현대문학』 8월 호에 「현대적 시인형」으로 초회 추천 받음. 곧이어 11월 호에 「푸로메테우스적 인간상」으로 완료 추천됨. 그후 재학중 2년간 『현대문학』에 8편의 평론을 연속 발표하여 '조숙한 신예평론가'란 평을 들음

1964년 부산대 영어영문학과 졸업. 일간 『국제신보』에 연재에세이를 발표하면서 수필가로서도 자질을 인정 받음

1964년 8월 종합교양지 월간 『세대』지 편집기자. 이 과정에서 처음으로 중앙문단의 원로나 중진이나 중견급을 상당수 만남. 이희승, 백철을 비롯하여 김수영, 전봉건, 신동문, 선우휘, 서기원, 이호철 등

1966년 부산 항도고등학교(현 가야고) 영어교사로 3년간 근무

1968년 부산시 교육위원회 중등학교 국어과 교사 교감자격 여름 연수교육에서 5일간 '현대비평의 새로운 조류' 특강. 평론가가 '밥의 뉘'처럼 귀하고 더욱 지방이다 보니 새파란 젊은 교사 평론가에게 의뢰가 옴

1970년 서울에서 외국어학원 설립. 8년간 운영. 생활기반이 마련되었기에 대학으로 직장을 옮겨야겠다는 생각으로 만학이지만 대학원은 마쳐두어야겠다는 생각을 함

1971년 『현대문학』지 연재물 '한국소설론'으로 현대문학상 받음

1979년 한국관광공사 교육원 교수

1981년 문광부 및 해외건설협회 주관 제1차 년도 문인 해외문화 및 산업시찰 단원(김규동, 김차영, 민영, 전상국, 윤흥길, 문순태 등)으로 약 17일간 프랑스, 이태리, 요르단, 인도네시아, 홍콩 등지 다녀옴

1982년 데뷔 20여년만에 첫 평론집 『한국소설의 위상』(이우출판사) 출간. 그 이후 현재까지 모두 11권을 냄. 목록은 다음과 같다. 『우리문학의 높이와 넓이』(교음사, 1994) 『오늘과 내일의 우리문학』(박이정, 1996), 『흘겨보기와 예쁘게 보기』(박이정, 1997), 『전환기의 새로운 길 찾기』(박이정, 1998), 『한국문학의 전망과 새로운 세기』(국학자료원, 2002), 『반세기 한국문학의 조망』(푸른사상사, 2003), 『변화하는 시대 우리문학 엿보기』(푸른사상사, 2008), 『새로운 시대 수필이론 다섯 마당』(교음사, 2009), 『우리시대 대표시 50선 평설』(한누리미디어, 2017), 『우리 문학의 새 지평열기』(도서출판 국보, 2019)

1983년 한양대 대학원 졸업. 배화여대 교수 취임. 제2회 한국문학평론가협회상 수상. 교수 취임후 21년간 근무. 학보사 주간 겸 도서관장을 맡고 그후 교수협의회 초대 회장을 맡음

1988년 세종대 대학원 박사과정 수료. 그 후 문필활동 이외에 문단활동도 해두어야겠다는 생각을 함.

1989년 한국문인협회 임원 직접 선거시 평론분과 회장 무투표로 당선. 1회 연임하여 6년간 재임. 바로 같은 해에 당시 백만 부가 나간 〈스포츠서울〉지에 테마에세이 형식으로 주1회 8개월간 '유행가에 나타난 세태' 연재함. 첫 수필집 『벌거벗은 교수님』(창우사)를 냄.

그 이후 지금껏 모두 13권의 수필집을 냄. 『노래』(문학아카데미, 1992), 『그대 떠난 빈자리의 슬픔』(장원, 1993), 『찻잔 너머의 여자』(교음사, 2000), 『내 마지막 노을빛 사랑』(문학관, 2001), 『세월에 인생을 도박하고』(문학관, 2007), 『남자뺨을 때리는 여자들』(소소리사, 2008), 『옥산봉에 걸린 조각달』(한누리미디어, 2008), 『이유식의 문단수첩 엿보기』(청어, 2011), 『새로운 장르, 새로운 수필의 향연』(수필과비평사, 2016), 『문단 풍속, 문인 풍경-풍속사로 본 한국 문단』(푸른사상사, 2016), 『구름에 인생을 그려본다』(수필과비평사, 2017), 『황혼의 이정표 앞에 서서』(한국문학신문, 2020) 이번 수필집 『내가 찾은 幸福의 현주소』(한국문학신문, 2021)이 14권째 임.

1990년 국제펜클럽 한국본부 세미나(서울)에서 '해외 진출을 위한 우리문학의 모형' 주제 발표. 현재를 기준해 국내 주요 문학단체 40여 회 주제 발표

1992년   제3회 한국문협 해외 문학세미나(카자흐공화국 수도 알마아타)에 국내측 대표로 '민족문학의 시각에서 본 해외 동포문학' 주제 발표

1993년   월간『수필문학』지 상임편집위원장을 맡아 다년간 봉사함

1994년   한국문학비평가회 창립회장.

평전『도스토예프스키의 생애와 문학』(이목구비사)출간

1995년   한국문인협회 임원선거 부이사장 당선. 평전

『알베르 카미의 문학과 인생』(이목구비사)출간

1996년   강남문인협회 창립 회장.

강남문화원 설립 7인 추진위원 선임됨

1997년   제7회 한국문협 해외 문학세미나(캐나다 토론토)에 국내측 대표로 '한민족문학의 시오니즘과 그 활성화 방안' 주제 발표. 제11회 예술문화 대상(한국예총)수상

2000년   kbs2tv 12월 17일 방영 '그곳에 가고 싶다'(이유식의 강화도)에 부부 동반 출연. 그동안 교수 겸 평론가로서 tv출연이 10여 회는 된다. 그러나 부부가 함께 강화도 곳곳을 다니며 4박 5일간 촬영된 프로에다 별도로 내레이터가 진행상 필요한 내레이션을 넣었지만 나의 육성이 곳곳에 들어가 있어 특별히 기념이 될만한 출연이었음.

2002년   제39회 한국문학상 수상(한국문인협회)

2004년　배화여대 교수 정년퇴임. 문단 등단 43주년 겸 정년퇴임 기념문집 『반세기 한국문학의 도정-이유식의 문학과 인간』(푸른사상사)을 기념식장에서 봉정 받음. 곧 아호를 따 청다한민족문학연구소를 열어 5년간 세미나도 갖고 동시에 몇 권의 기획출판 편저를 냄. 그리고 하동 평사리 토지문학제 추진위원장을 맡아 이후 3년간 봉사

2008년　덕성여대 평생교육원 수필반 교수

2009년　제3회 '자랑스런 옥종인상' 수상(고향면)

2014년　'존경받는 예술가'로 선정됨(한국예술평론가협의회)

2016년　제36회 예술평론공헌상 수상(한국예술평론가협의회)

2017년　펜문학상 공로상(국제펜클럽 한국본부)

2018년　망구순 기념문집 『대담으로 본 청다의 반세기 문학인생』(도서출판 국보)출간

2021년　현재를 기준으로 평론집, 수필집, 평전, 편저, 기타 등 포함 40여 권.

현재: 한국문인협회 고문, 국제펜클럽 한국본부 고문, 한국문학비평가협회 고문, 한국예술평론가협의회 고문, 합천이씨전국중앙종친회 고문

내가 찾은 幸福의 현주소

초판 인쇄   2021년 3월 29일
초판 발행   2021년 4월 2일

지은이 이유식
발행인 임수홍
디자인 맹신형

발행처 한국문학신문
주 소 서울 강동구 양재대로 114길 32 2층
전 화 02-476-2757~8   FAX 02-475-2759
카 페 http://cafe.daum.net/lsh19577
E-mail kbmh11@hanmail.net

값 15,000원

ISBN 979-11-90703-31-4

· 저자와의 협약에 의해 인지는 생략합니다.
· 이 책의 글은 저작권법에 따라 보호를 받는 저작물이므로 저자와 출판사의 동의 없이는 무단 전재 및 무단 복제를 금합니다.

· 잘못된 책은 바꾸어드립니다.